Die 100 schönsten Familien-Erlebnisse in Bayern ...

Der offizielle Ausflugsführer von

... die Ihre Kids lieben werden

Lisa Bahnmüller

Inhalt

1. Bowlingfreude pur – speziell auch für Kids _____ 7
2. Ganz wie Tarzan durch den Kletterwald Spessart _____ 9
3. Von Schneewittchen und Räubern im Spessartmuseum _____ 11
4. Kleine Artisten ganz groß – im Circus Blamage _____ 13
5. Mit dem Waldwichtel auf den Dillberg _____ 15
6. Schlafen im Baum – eine unvergessliche Nacht _____ 17
7. Vorhang auf für das Würzburger Kasperhaus _____ 19
8. Der wunderbare Streichelzoo der Arche Noah _____ 21
9. Toben und spielen im Takka-Tukka Abenteuerland _____ 23
10. Die Sinne schärfen an der Umweltstation _____ 25
11. Der rätselhafte Wildpark an den Eichen _____ 27
12. Alles selber machen – auf dem Aktivspielplatz _____ 29
13. Im verwunschenen Märchenwald Sambachshof _____ 31
14. Freche Ziegen und neugierige Falken im Wildpark _____ 32
15. Wo Puppen und Teddybären zu Hause sind _____ 33
16. Idyllischer Tierpark im Stadtpark Theresienstein _____ 34
17. Einzigartiges Theatergeschehen – mitten im Wald _____ 35
18. Der total verrückte Irrgarten am Untreusee _____ 37
19. Actionreiches Freizeitparadies am Ochsenkopf _____ 39
20. Theaterluft schnuppern: Die Studiobühne Bayreuth _____ 41
21. Zu Besuch beim »Sams« in Bamberg _____ 43
22. Wo Kinder und Väter um die Wette baggern _____ 45
23. Nervenkitzel in der Klettererlebniswelt Magnesia _____ 47
24. Dampflok-Fahrt durch die Fränkische Schweiz _____ 49
25. Von Baum zu Baum im Kletterwald Pottenstein _____ 50
26. Schatzsuche im früheren Oberfränkischen Meer _____ 51
27. Gigantische Wasserwelt Atlantis _____ 53
28. Faszinierend: Ein klingender Wasserfall _____ 55
29. Das Universum erkunden im Copernicus-Planetarium _____ 57
30. Beliebte Geschichten im Kindertheater Mummpitz _____ 59
31. Der verblüffende Turm der Sinne in Nürnberg _____ 60
32. Mega-Spaß im Megaplay: Indoor spielen total _____ 61

33	Fun im Playmobilpark in Zirndorf	63
34	Tolle Stunden auf dem Auhof	65
35	Einmal Rennfahrer sein mit den Buggy Racern	67
36	Lasst euch verwirren im 3-D-Museum in Dinkelsbühl	69
37	Faszination Eisenbahn im Miniaturland Treuchtlingen	71
38	Auszeit beim Kanu-Trip auf der Altmühl	73
39	Die Jagd nach Fossilien bei Solnhofen	75
40	Spielen, kämpfen, kochen – Leben im Mittelalter	77
41	Und stündlich explodiert ein Vulkan …	79
42	Skifahren im Sommer – auf feinem Sand	81
43	Eine Halle voller Spaß im Wölpiland	82
44	Wasserspiele und verträumter Märchengarten	83
45	Alles Glück der Erde liegt auf … dem Kollerhof	85
46	Der riesige Drache in Furth im Wald	87
47	Fischotter und Wölfe im Bayerwald-Tierpark	89
48	Blumen und High Speed im Churpfalzpark	91
49	Über Teufelssteg und Himmelsleiter zur Burg	93
50	Mit Suchtfaktor: Die Regensburger Boulderwelt	95
51	Römer und Ritter in Regensburg	97
52	Mufflons und Waschbären ganz nah	99
53	Faszinierende Vogelflugshow auf dem Falkenhof	101
54	Klein, aber fein – der Straubinger Tiergarten	103
55	Ein echtes Schloss wie im Film: Burg Egg	105
56	Rodel- und Freizeitspaß am Egidi-Buckel	107
57	Der Waldwipfelweg und das »Haus am Kopf«	109
58	Spannende Tour zu den Wasserfällen am Rißloch	111
59	Mit Pfeil und Bogen unterwegs am Silberberg	113
60	Hier wohnt der Specht: Im Waldspielgelände	114
61	Indianer in der Westernstadt Pullman City	115
62	Wildbach-Abenteuer an der Buchberger Leite	117
63	Wie ein echter Schlittenhundeführer in Alaska	119
64	Im Freizeit-Eldorado Bayern-Park	121
65	Gruseln auf Burg Trausnitz in Landshut	122
66	Jux und Tollerei im Erlebnispark Voglsam	123

67	Asterix und Obelix in Manching	125
68	Europas größtes Rutschenparadies in Erding	127
69	Helm auf: Hier machen Kinder den Führerschein	128
70	Mit dem Raddampfer ins Labyrinth	129
71	Fühlt sich wie fliegen an: Der Flughafen München	131
72	Erlebnisbauernhof und Ponyreiten für junge Cowboys	132
73	Unterm Blätterdach auf dem Waldspielplatz Pöring	133
74	Tierische Gaudi im BergTierPark Blindham	135
75	Mut beweisen im Kletterwald Prien	137
76	Auf Wolke sieben: Das Schokoland in Rott am Inn	139
77	»Ice Age« mitten in Bayern mit Bär und Mammut	141
78	Bezaubernder Märchenerlebnispark Marquartstein	143
79	Gurgelndes Wasser und tiefe Abgründe	145
80	Den Oberaudorfer Hausberg runter wie ein Vogel	147
81	Action auf der Schliersbergalm	151
82	Rasantes Downhill-Rennen mit den Bullcarts	153
83	Winterrodelgenuss auf der Reiseralm	155
84	Furchtlos über dem Abgrund am AlpspiX	157
85	Durch die eindrucksvolle Schleifmühlenklamm	159
86	Natur pur: Matschpfad und Seilnetz im Ostallgäu	161
87	Burgruine und Museum Falkenstein	163
88	Dunkle Erzgruben und das Burgberger Tierparadies	165
89	Tierischer Spaziergang zum Eichhörnchenwald	167
90	Auf dem Sagenweg zur Sturmannshöhle	169
91	Die ganz besondere Modelleisenbahn im Allgäu	171
92	Gänsehautfeeling am Skywalk Scheidegg	173
93	Wilde Wanderung entlang des Schrattenbachs	175
94	Das Leben früher: Ohne Strom und ohne Supermarkt	177
95	Durch die Lüfte im Skyline Park	179
96	Bei Jim Knopf auf dem Lummerland-Spielplatz	180
97	Mit Alpakas »on Tour«	181
98	Lärmen und Tollen bei jedem Wetter	183
99	Der neue Trendsport Fußballgolf	185
100	Zwischen Riesenklötzchen im bunten LEGOLAND	187

Vorwort

Liebe Kinder, Mamas, Papas, Omas, Opas,
Tanten, Onkel und Freunde der Familie,

dieses Buch haben wir für alle geschrieben, die gern im Rudel der Familie oder auch mit Freunden einen Ausflug machen. Manchmal muss man dem Trott entfliehen und gemeinsam schöne, aufregende und neue Erlebnisse haben, damit der Alltagswahnsinn nicht zu groß wird.

»Quality time« heißt das heute wohl … Ich sag': Einfach eine schöne Zeit zusammen. Wenn ihr noch keine gute Idee habt, was ihr unternehmen könntet, dann ist dieses Buch genau das Richtige für euch.

Wir haben für euch familientaugliche Erlebnisse und absolute Hits für Kids in ganz Bayern gesammelt und getestet. Egal, ob drinnen oder draußen, Winter oder Sommer, Ferien oder Wochenende, kostenpflichtig oder gratis, für ganz kleine oder große Kids. Für jeden ist etwas dabei! Darauf haben wir von ANTENNE BAYERN natürlich besonders Wert gelegt.

Liebe Leser, ihr fahrt zum Beispiel zu den Buggy Racers nach Mittelfranken, besucht einen einmaligen Huskyhof in Niederbayern, geht ins Vulkanmuseum in der Oberpfalz, macht eine Wanderung mit lustigen Wuschel-Alpakas in Schwaben oder besucht einen der schönsten Märchenparks Deutschlands in Oberbayern.

Dieses Buch ist die einfache Antwort auf die Frage unserer Kinder: »Was machen wir heute?« Ihr antwortet: »Heute machen wir Spaß, Action und entdecken was!«

Habt's eine wunderbare Zeit zusammen!

Bowling — eine Riesengaudi für die ganze Familie

Anfahrt **Öffentlich:** Mit der Bahn bis Aschaffenburg Hauptbahnhof, zu Fuß weiter; die FunFabrikBowl liegt südlich des Bahnhofs, Luitpoldstr./Ecke Friedrichstr. **Auto:** Über die A 3 nach Aschaffenburg-Ost, dort auf der B 26 ins Stadtzentrum.

Informationen FunFabrikBowl, Luitpoldstr. 9, 63739 Aschaffenburg, Tel. 06021/ 582 28 00, www.funfabrikbowl.de.

Öffnungszeiten Tgl. ab 10 Uhr, So ab 9 Uhr.

Preise Je nach Wochentag und Uhrzeit pro Spiel ab 2,10 € oder 1 Std. ab 14 €.

Bowlingfreude pur – speziell auch für Kids

1

Zehn Pins, ein Bowlingball, die Chance auf einen Strike! Hier geht es um Bowling pur, die aus Amerika stammende, sportlichere Art des Kegelns. Probiert es einfach einmal aus – in der großen FunFabrikBowl von Aschaffenburg. Spaß für alle ist garantiert!

Wer noch nie in einer Bowlinghalle war, bekommt in der FunFabrikBowl auf Wunsch zunächst eine kurze, kostenlose Einführung. Dabei werden die Regeln, der Spielablauf und vor allem die Wurftechnik genau erklärt. Im Anschluss daran mietet ihr euch am besten eine eigene Bahn und probiert es aus. Tauscht eure Straßenschuhe aber vorher gegen spezielle Bowlingschuhe, denn sie schonen die Bahn. Es gibt sie vor Ort gegen eine geringe Gebühr zu leihen. Und dann kann es losgehen.

Im Unterschied zum Kegeln gibt es beim Bowling einen Kegel mehr. Hier stehen zehn Pins – so heißen die Kegel beim Bowling – in Dreiecksformation am Ende der Bahn. Im Idealfall räumt ihr diese »ten pins« mit einem Wurf ab! Dann habt ihr den Strike geschafft, den absolut perfekten Wurf. Damit alle diesen schönen Erfolg ernten, gibt es etwas ganz Besonderes für kleinere Kinder im FunFabrikBowl: Auf allen zwölf Bowlingbahnen ist ein kindgerechtes sogenanntes Bumper-Bowling-System installiert. Dabei werden die Seitenwände erhöht, damit jede Kugel immer den richtigen Weg findet und nicht seitlich an den Pins vorbeikullert. Denn auch beim Bowling gilt: Nur die Übung macht den Meister! Bestimmt habt ihr auf diese Weise den Dreh schnell raus und dann steht einem richtigen Familienduell nichts mehr im Weg.

ANTENNE BAYERN TIPP

Wunderbar kombinieren lässt sich der Besuch der Bowlingbahn mit einer Besichtigung der schönen Altstadt von Aschaffenburg. Das Schloss Johannisburg oder das Pompejanum, eine nachgebaute römische Villa, wie man sie sich im 19. Jahrhundert idealerweise vorgestellt hatte, sind nur zwei von vielen Möglichkeiten.

Am Parcour »Kleiner Bär« dürfen die Jüngsten ihre Kraxelkünste beweisen.

Anfahrt **Öffentlich:** Mit der Bahn bis Heigenbrücken, dann 30 Min. Fußweg. **Auto:** Über die A 3, Ausfahrt Weibersbrunn/Heigenbrücken, oder über die B 26 nach Heigenbrücken.

Informationen Kletterwald Spessart, Am Wildpark, 63869 Heigenbrücken, Tel. 0179/454 58 68, www.kletterwald-spessart.de.

Öffnungszeiten Ab den Osterferien bis Ende der Herbstferien; in den Ferien tgl. 10–19 Uhr, sonst nur Do–So, Uhrzeit siehe Internet.

Preise 3-Stunden-Ticket: Kinder bis 14 Jahre ab 14 €, Jugendliche bis 18 Jahre ab 17 €, Erwachsene ab 19 €.

Altersbeschränkung Eine Mindestgröße von 1,40 m gilt für den Erwachsenenparcours.

Ganz wie Tarzan durch den Kletterwald Spessart 2

Hoch oben zwischen Bäumen klettern. Ohne Boden unter den Füßen. Nur durch ein Seil gesichert! Das ist nicht nur etwas für Adrenalin-Junkies, sondern für alle, die ihre Grenzen im sicheren Rahmen testen wollen. Im Kletterwald Spessart steigt ihr über fünf Parcours bis in die höchsten Baumwipfel – und das natürlich ohne jegliches Risiko!

Dieser Kletterwald ist hervorragend für alle Familien geeignet. Auch für solche, die noch nie zuvor einen Kletterwald ausprobiert haben. Während der Einweisung wird euch das Expoglider-Sicherheitssystem ganz genau erklärt. Es ist wirklich kinderleicht: Ihr hängt euch nur einmal im Seil ein und seid dann die ganze Zeit über gesichert.

Fünf verschiedene Parcours – von leicht bis schwer – mit allerlei lustigen und spannungsreichen Elementen warten auf euch. Ihr steigt durch Boxsäcke, Gleichgewichtsbalken, V-Netze, Steigbügel und Plankenpfade. Probiert auch den Lianengang, die Hangelringe oder den kniffeligen Charlie Chaplin.

Für den besonderen Kick sorgt die megalange sogenannte gelbe Strecke. Sie besteht aus vielen verschiedenen »Flying Foxes«. Das sind insgesamt 600 Meter lange Seilrutschen. Hier könnt ihr hoch über dem Boden von Baum zu Baum fliegen! Auch für die kleinsten Familienmitglieder ist mit zwei bodennahen Strecken und einer Kletterwand gesorgt.

Falls sich vielleicht nicht alle von euch in den Klettergarten trauen oder Kleinkinder im Kinderwagen dabei sind – kein Problem. Gleich nebenan liegt der Wildpark Heigenbrücken im Bächlesgrund. Hier leben viele heimische Tiere wie Hirsche, Wildschweine, Ziegen oder verschiedene Vögel. Es gibt einen Wasser-Matsch-Spielplatz und zahlreiche Möglichkeiten zum Spielen in der herrlichen Natur. Eine perfekte Alternative!

ANTENNE BAYERN TIPP

Wenn ihr noch nicht genug habt, besucht doch den spannenden »Waldlehrpfad zur Grotte«, der ebenfalls am Kletterwald beginnt.

Schloss Lohr am Main ist ein richtiges Märchenschloss.

Anfahrt **Öffentlich:** Mit der Bahn bis Lohr am Main. **Auto:** Über die A 3, Ausfahrt Hösbach, weiter auf der B 26 nach Lohr oder über die B 27 weiter zur B 26 nach Lohr.

Informationen Spessartmuseum, Schloss Lohr am Main, Schlossplatz 1, 97816 Lohr am Main, Tel. 09352/20 61, www.lohr.de.

Öffnungszeiten Di–Sa 10–16 Uhr, So/feiertags 10–17 Uhr.

Preise Erwachsene 3 €, Kinder 2 €, Führungen 35 € zzgl. Eintritt.

Von Schneewittchen und Räubern im Spessartmuseum

3

Das Märchen von Schneewittchen und den sieben Zwergen kennt ihr alle. Aber wisst ihr auch, wo ihr den Spiegel der bösen Stiefmutter findet? Ob ihr es glaubt oder nicht, dieser berühmte Spiegel hängt bis heute im Spessartmuseum im Schloss von Lohr am Main. Dort erfahrt ihr noch viel mehr Interessantes und auch Kurioses aus dem Spessart.

Warum sollen Schneewittchen und ihre böse Stiefmutter ausgerechnet aus Lohr am Main stammen? Des Rätsels Lösung findet ihr im Schneewittchenkabinett des Spessartmuseums im Lohrer Schloss. Akribisch und unterhaltsam hat hier »Fabulologe« Dr. Karlheinz Bartels die Beweisstücke aufgelistet. Der Märchenwissenschaftler hat alle Fakten zusammengetragen – von den Zwergen bis zum vergifteten Apfel und dem Zauberspiegel. Versucht, euch anhand der Indizienkette ein Urteil zu bilden.

Aber denkt daran: Das Schneewittchenkabinett versetzt euch in eine andere Welt. Ihr findet euch in einem begehbaren Luftschloss wieder. Oder versucht, Schneewittchen auf seinem Fluchtweg zu folgen. Über 35 Kilometer musste das schöne Mädchen fliehen, bis es die Zwerge traf und in Sicherheit war. Den Rest kennt ihr. Heute ist Schneewittchens Fluchtweg als Schneewittchen-Wanderweg ausgewiesen. Also, falls ihr nach dem Schlossbesuch noch Lust habt … Im märchenhaften, bald 700 Jahre alten Schloss befindet sich aber noch viel mehr Interessantes. Die Ausstellungen und Exponate drehen sich rund um die Geschichte, Tradition, Kultur, Wirtschaft und das mitunter gefährliche Leben im Spessart. In diesem waldigen Mittelgebirge sollen ja einst auch viele Räuberbanden ihr Unwesen getrieben haben.

ANTENNE BAYERN TIPP

Neben dem Spessartmuseum gibt es in Lohr noch das hochinteressante Schulmuseum. Dort dürft ihr Schulbänke der letzten 200 Jahre drücken. Klassenzimmer, Schulbücher, Lernmaterialien, Kreidetafeln mit Sütterlinschrift und eine Lehrerwohnung – ihr werdet staunen, wie sehr sich der Schulalltag gewandelt hat!

Das Miteinander wird im Circus Blamage ganz groß geschrieben.

Anfahrt Das Zirkuscamp findet meist in verschiedenen Gemeinden und Städten im Landkreis Miltenberg statt. Infos zu Feriencamps, Vorführungen und Anfahrt s. Internet.

Informationen Circus Blamage e. V., Seeweg 25, 63906 Erlenbach, Tel. 0160/95 26 14 08, www.circus-blamage.de.

Öffnungszeiten Camps immer in den bayerischen Oster-, Pfingst- und Sommerferien.

Preise 25 € pro Tag.

Altersbeschränkung Ab 9 Jahren.

Kleine Artisten ganz groß – im Circus Blamage

Der lustige Name täuscht – hier blamiert sich garantiert niemand. Im Gegenteil: Im Jugendzirkus »Circus Blamage« verwandeln sich Kinder während eines einwöchigen Camps in Artisten und Künstler. Am Ende zeigen sie dann den Eltern und Freunden in einer grandiosen Vorstellung, was sie für Kunststücke draufhaben!

Manege frei – für die Kids! Mit viel Eifer, Freude, Spaß und Engagement begeistert der Circus Blamage seit mehr als 25 Jahren sein Publikum wie auch alle Mitwirkenden. Das Besondere am Circus Blamage ist, dass hier Kinder und Jugendliche mit und ohne Behinderung gemeinsam das Zirkusprogramm gestalten und bestreiten. Jeder bringt sein Talent und Können ein. Im Circus Blamage wird Inklusion wirklich gelebt und erlebt.

In der einwöchigen Ferienfreizeit dürfen die Kinder in Zelten übernachten und werden auch verköstigt. Tagsüber verwandeln sie sich unter Anleitung von Zirkuspädagogen in Artisten und Künstler. Sie sind Jongleure, Clowns, Seiltänzer, Trapezschwinger, Feuertänzer, Einradfahrer oder Zauberer – je nach Vorlieben. Es wird trainiert, geübt, aber auch viel gelacht, gespielt und neue Freundschaften werden geschlossen.

Am Ende eines jeden Camps probieren die Kinder Masken und Kostüme. Das Lampenfieber steigt bis zum Finale. Denn zum Abschluss gibt es zwei öffentliche Vorstellungen in einem richtigen Zirkuszelt, an denen alle Teilnehmer ihr Können und ihr Erlerntes zeigen.

Das kunterbunte Programm mit vielen artistischen Einlagen ist der krönende Höhepunkt eines jeden Camps. Es ist unglaublich, wie sich Kinder für ihre Kunststücke konzentrieren, wie sie lernen, dass sie nur gemeinsam weiterkommen, wie sie ihr Gleichgewicht trainieren und es schaffen, sich vor Publikum zu präsentieren. Kinder lernen im Circus Blamage nicht nur für die Vorstellungen, sondern fürs Leben. Habt ihr Lust bekommen, Zirkusluft zu schnuppern? Dann meldet euch gleich an. Ihr könnt aber auch vorbeischauen, ohne einen Kurs zu buchen, denn Zaungäste zum Anfeuern sind immer willkommen.

Der Waldwichtel nimmt euch mit auf Entdeckungstour.

Anfahrt **Öffentlich:** Mit der Bahn bis Lohr am Main, weiter mit dem Bus nach Marktheidenfeld, weiter mit Stadtbus, Haltestelle »Waldstraße«. **Auto:** Nach Marktheidenfeld, von dort über den Südring Richtung Lengfurt in den Ortsteil Dillberg, dort in die Waldstraße bis zu deren Ende.

Informationen Touristinfo Marktheidenfeld, Luitpoldstr. 17, 97828 Marktheidenfeld, Tel. 09391/500 40, www.waldwichtelweg.de.

Öffnungszeiten Jeden Tag bis Sonnenuntergang.

Preise Kostenlos.

Mit dem Waldwichtel auf den Dillberg

Für aktive Familien mit Kleinkindern gibt es bei Marktheidenfeld einen wunderbar kindgerechten Wanderweg. Erkundet und erforscht die Natur auf dem WaldWichtelWeg. Mit seinen elf Stationen macht er den Kindern richtig Lust aufs Wandern.

Der kleine Waldwichtel mit seiner lustigen roten Weste lotst euch vom Wanderparkplatz am Rande von Marktheidenfeld auf den WaldWichtel-Weg. Er lädt euch ein zu einer Entdeckungsreise in seinen geheimen Wald.

Dort setzt ihr euch spielerisch mit der Natur auseinander und schult euer Wahrnehmungsvermögen. Lasst Hektik, Stress und Alltagsleben hinter euch und genießt den wunderbaren Tag im Schatten des Waldes.

Den WaldWichtelWeg hat sich der Kindergarten Marktheidenfeld ausgedacht. Die unterhaltsamen Stationen sind gemeinsam mit den Kindergartenkindern entstanden. Super ist, dass sich der Rundweg mit Kinderwagen und Rollstuhl befahren lässt. Außerdem gibt es eine kürzere (1,8 km) und eine längere (2,6 km) Variante, je nachdem, wie viel Ehrgeiz und Ausdauer die Kids beim Wandern haben.

Die zahlreichen Mitmach-Stationen wie zum Beispiel das Zauberlabyrinth, die klingenden Bäume, der Geheimpfad, die verzauberte Treppe oder das Riesennest machen es Eltern leicht und lassen die Kinder von ganz allein sausen. Sie sind kaum zu bremsen und erkunden gerne den ganzen Weg mit allen Sinnen. Ein Höhepunkt ist der Aussichtsturm, von dem aus ihr einen beispiellosen Blick habt über die Weinberge von Homburg am Main.

ANTENNE BAYERN TIPP

Wer gern schwimmt, kombiniert den WaldWichtelWeg mit einem Besuch in der Erlebnistherme Wonnemar in Marktheidenfeld. In diesem Sport- und Familienbad habt ihr sicherlich viel Spaß in den Erlebnisbecken und der Röhrenrutsche. Für die Kleinsten gibt es Wonniland, einen Kleinkinderbereich mit extra warmem Wasser und Wasserspielen.

Ob Robin Hood auch so gemütlich schlief wie ihr im Baumhaushotel Wipfelglück?

Anfahrt **Öffentlich:** Mit der Bahn bis Miltenberg oder Klingenberg, dann weiter mit dem Bus. **Auto:** Von der A 3, Ausfahrt Rohrbrunn/Obernburg, weiter auf die St 2317 und die St 2308 nach Mönchberg.

Informationen Baumhaushotel Wipfelglück, Am Brunnweg, 63933 Mönchberg, Tel. 09374/319, www.wipfelglück.de.

Öffnungszeiten Ganzjährig.

Preise Übernachtung ab 128 € pro Baumhaus (max. 4 Personen).

Schlafen im Baum – eine unvergessliche Nacht

6

Wie einst Robin Hood und seine Gefährten mitten im Wald zu übernachten, wäre das etwas für euch? Auf Bäumen zu schlafen, hoch über dem Waldboden? Das funktioniert ganz bequem und sehr komfortabel im wunderbaren Baumhaushotel Wipfelglück im schönen Spessart.

Nomen est omen – und im Baumhaushotel Wipfelglück ist der Name Wirklichkeit. Hier findet ihr euer Glück direkt in den Wipfeln der Bäume. Mitten im Wald und doch nahe der Ortsmitte von Mönchberg liegt dieses außergewöhnliche Hotel mit seinen sechs Baumhäusern. Umringt von uralten Spessarteichen, stehen alle Häuschen in einer Höhe von gut fünf Metern auf hölzernen Stelen. Besonders schön ist, dass eines der Häuser absolut barrierefrei gebaut wurde, sodass auch Familienmitglieder mit eingeschränkter Mobilität in den Genuss dieser außergewöhnlichen Übernachtungsmöglichkeit kommen. Für Kinder bedeutet das Baumhaus Abenteuer pur und für Erwachsene Erholung inmitten der Natur.

Dabei könnt ihr vom Baumhaus aus auch jede Menge in der Umgebung unternehmen. Im Sommer lockt das Spessart-Freibad direkt in Mönchberg. Mit seinem Sprungturm, der Wasserrutsche und dem schönen Baumbestand bietet es euch viel Erfrischung und Spaß. Oder ihr macht euch auf und erkundet den barrierefreien Walderlebnisweg »Balance und Leichtigkeit«, der am Rodelhang beginnt. Der Rundweg führt an herrlichen Aussichtspunkten vorbei. Am großen Spielebereich haben dann alle ihren Spaß. Testet doch all die Geräte zum Schwingen und Balancieren, die übrigens alle mindestens einen barrierefreien Zugang haben.

ANTENNE BAYERN TIPP

Verbindet den Besuch des Baumhaushotels mit einer Wanderung im nahen Dammbach. Auf dem »Alten Schulweg« steigt ihr zur Geishöhe mit dem Ludwig-Keller-Aussichtsturm hinauf. Die Strecke verläuft durch großartige Natur, entlang eines Bachlaufs über einen Waldlehrpfad.

Nehmt alle Familienmitglieder mit – dieses Kasperltheater ist ein Erlebnis!

Anfahrt **Öffentlich:** Mit der Bahn nach Würzburg, weiter mit Bus oder Straßenbahn nach Heidingsfeld, Haltestelle »Reuterstraße«. **Auto:** Über die A 3, Ausfahrt Würzburg-Heidingsfeld, über die B 19 nach Heidingsfeld.

Informationen Das Kasperhaus, Julius-Echter-Str. 8, 97084 Würzburg, Tel. 0931/ 359 34 94, www.theater-kasperhaus.de.

Öffnungszeiten Anfang Okt. bis Anfang Mai: Do–Fr meist 15 Uhr bzw. 16 Uhr; Mai bis Sept. im Würzburger Biergarten Zollhaus. Spielplan siehe Homepage.

Preise Ab 2 Jahren pro Person 6 €.

Altersbeschränkung Die Stücke sind i. d. R. für Kinder ab 4 Jahren geeignet. Für einige Vorstellungen gilt ein Mindestalter.

Vorhang auf für das Würzburger Kasperhaus

Die Fantasie beschäftigen – Träume wahr werden lassen! Das ist die Welt der Puppenspieler. Lasst euch im Würzburger Kasperhaus von dem Kasperl, der Gretel, der Großmutter, dem Räuber, der Prinzessin und vielen Kaspereien begeistern.

Seit mehr als 20 Jahren wird im Würzburger Kasperhaus mit Leidenschaft Puppentheater gespielt. Hier seid ihr mittendrin in der Zauberwelt der Märchen. Taucht darin ein, wenn der Kasperl die Gretel rettet und die Hexe vertreibt. Ihr solltet euch jedoch unbedingt die Karten im Vorfeld telefonisch reservieren, das ist ganz unkompliziert.

Ihr habt die Wahl zwischen klassischen Kasperlstücken wie »Die gestohlene Großmutter« oder »Des Kaisers neue Kleider«. Aber es gibt auch leicht abgewandelte Märchenversionen wie »Aladins Wunderlampe« und Klassiker wie »Räuber Hotzenplotz« zu sehen. Immer wieder stehen neue Geschichten auf dem Spielplan.

Das Ensemble besteht aus 300 verschiedenen Puppenfiguren. Alles wunderbare Unikate, die von Puppenbauern eigens für das Kasperhaus geschaffen wurden. Lasst euch auch von den liebevollen Bühnenbildern verzaubern. Die tragen ihr Übriges zu dem magischen Ambiente bei.

Stellt euch vor: Alle Stücke werden von einer einzigen Person gespielt und gesprochen! Herr Gläser, der Besitzer des Kasperhauses, ist da ein echtes Genie und ein wahrer Künstler. In bis zu 14 Rollen auf einmal schlüpft er, je nach Kasperlstück. Die Figuren fallen sich dabei gegenseitig ins Wort, lachen, leben, schimpfen, tanzen, singen und erzählen. Das ist wirklich etwas ganz Besonderes und das versteht ihr umso besser, wenn ihr eine Vorstellung besucht habt.

Die Aufführungen dauern meist eine knappe Stunde, aber es gibt auch längere Stücke für die etwas Älteren. Übrigens zieht es den Kasperl in den Sommermonaten raus an die frische Luft. Ab Mai finden die Aufführungen fast täglich im Würzburger Biergarten Zollhaus statt.

Lasst euch dieses Abenteuer nicht entgehen!

Anfahrt **Öffentlich:** Mit der Bahn nach Ochsenfurt, weiter mit dem Bus. **Auto:** A 7, Ausfahrt Marktbreit, weiter über Enheim zur B 13, über Ochsenfurt auf die St 2270; A 3, Ausfahrt Randersacker, auf die B 13, weiter über die St 2270 nach Gaukönigshofen.

Informationen   Arche Noah, 97253 Gaukönigshofen, Tel. 09337/99 69 36, www.die-arche-noah.de.

Öffnungszeiten   Das ganze Jahr über tgl. bis Sonnenuntergang.

Preise   Kinder ab 6 Jahren 50 Ct, Kinder ab 10 Jahren/Erwachsene 2 €.

Der wunderbare Streichelzoo der Arche Noah

Esel, Ponys, Ziegen, Schafe und viele Tiere mehr warten hier im Streichelgehege von Gaukönigshofen südlich von Ochsenfurt auf euren Besuch. Alle Tiere leben dort friedlich nebeneinander und freuen sich auf eure Streicheleinheiten und die von euch zugesteckten Leckereien.

Vor allem Familien mit kleinen Kindern lieben dieses Naturparadies am Ortsrand von Gaukönigshofen. Ganz idyllisch und einträchtig leben die vorwiegend heimischen Tiere auf dem vier Hektar großen Gelände. Es ist erstaunlich, wie zutraulich und friedlich Esel, Pony, Rinder, Schafe, Ziegen und Schweine mit Kaninchen, Hasen, Hühnern, Pfauen und Enten zusammenleben. So kommt der Name nicht von ungefähr: ganz wie auf der Arche Noah!

Jeden Tag hat das Streichelgehege geöffnet. 1995 auf Initiative des Wander- und Naturfreunde-Vereins gegründet, wird die Arche Noah bis heute durch rein ehrenamtliche Arbeit betrieben. Deswegen werft auf jeden Fall euren Eintritt in die aufgestellte Spendenbox. Und dann nichts wie hinein ins Vergnügen. Alle Vierbeiner sind ganz zahm und lassen sich von euch streicheln. Ihr dürft sie natürlich auch füttern. Das Futter bekommt ihr von den Helfern vor Ort. Die fragt ihr auch, wenn ihr Lust habt, auf den Ponys zu reiten, das ist nämlich auch möglich.

Jeden Sonntag und an Feiertagen gibt es ab 14 Uhr am kleinen Kiosk frische Waffeln, Kaffee und Kuchen, Würstel und im Sommer auch Eis. Auf Voranmeldung dürft ihr sogar eure Zelte mitbringen und auf dem Gelände mitten zwischen den Tieren am Lagerfeuer übernachten.

ANTENNE BAYERN TIPP

Gleich im Nachbarort Acholshausen gibt es einen tollen großen Abenteuerspielplatz. Dort könnt ihr euch noch gewaltig austoben. Wer Lust hat, kann von dort auch zu einer wunderschönen Wanderung entlang des Thierbachs bis nach Tückelhausen zum ehemaligen Kartäuserkloster aufbrechen.

Viel Platz zum Austoben ist im Takka-Tukka Abenteuerland.

Anfahrt **Öffentlich:** Mit der Bahn bis Schweinfurt, weiter mit dem Bus. **Auto:** Über die A 3, Ausfahrt Wiesentheid, weiter über die B 286 nach Gerolzhofen; über die A 70, Ausfahrt Schweinfurt-Zentrum, und die B 286 in südl. Richtung nach Gerolzhofen.

Informationen Takka-Tukka Abenteuerland, Dr.-Georg-Schäfer-Str. 3, 97447 Gerolzhofen, Tel. 09382/22 45868, www.takka-tukka.com.

Öffnungszeiten Mo–Fr 14–18 Uhr, Wochenende, feiertags 10.30–19 Uhr, Ferien 11–19 Uhr.

Preise Kinder von 1–4 Jahren 4,50 €, Kinder ab 4 Jahren 6,50 €, Erwachsene 4 €.

Toben und spielen im Takka-Tukka Abenteuerland

Ob die Sonne scheint oder es Bindfäden regnet – im Takka-Tukka Abenteuerland ist das egal, denn hier fühlt ihr euch sicherlich megawohl. Im gigantischen Indoor-Spielplatz in Gerolzhofen stehen Spielen und Spaß haben an erster Stelle – wie bei Pippi Langstrumpf!

Sicher ist eins: Kaum habt ihr eure Straßenschuhe an der Garderobe ausgezogen und den Eintritt bezahlt, werdet ihr das Takka-Tukka Abenteuerland mit all seinen Attraktionen erobern.

Verirrt euch im großen Spielturm mit seinen vielen Hindernissen, Kletterseilen und der wackeligen Hängebrücke. Saust über die Wellen- oder Röhrenrutsche hinunter und erkundet die Geisterhöhle. Versucht, den Wabbelberg zu ersteigen oder Purzelbäume auf dem Trampolin zu schlagen. Testet eure Kraxelkünste an der Kletterwand oder liefert euch ein Rennen mit den Go-Karts. Der große Brüller besonders für Kids ist die Affen-Hüpfburg.

Ungewöhnlich und besonders ist, dass es neben diesem Indoor-Spielebereich auch einen großen Außenbereich gibt. Natürlich ist dieser vor allem im Sommer begehrt. Da rutscht ihr in euren Badeklamotten die lange Wasserrutsche hinab, planscht und spritzt am Wasserspielplatz oder flitzt mit den Kettcars um die Wette – das macht auch Eltern Spaß. Denn auch sie dürfen im Takka-Tukka Abenteuerland mittoben oder sich im gemütlichen Urwald-Bistro erholen. Gleich nebenan gibt es für kleinere Kinder auch einen ruhigeren Spielbereich.

Einmal im Jahr veranstaltet das Abenteuerland die beliebte Kids-Night-Übernachtungsparty. Der absolute Knaller!

ANTENNE BAYERN TIPP

Habt ihr Lust, noch ein bisschen den Steigerwald zu erforschen und zu erleben? Dann besucht doch das neue Steigerwaldzentrum im nahen Handthal. Hier könnt ihr erfahren, warum der Steigerwald etwas Magisches hat.

Erforscht die Natur mit Becherlupen und all euren Sinnen!

Anfahrt **Öffentlich:** Mit der Bahn bis Schweinfurt, weiter mit dem Bus in Richtung Sennfeld, Haltestelle »Am Plan«, dann 1,3 km Fußweg. **Auto:** Über die A 70, Ausfahrt Gochsheim/Sennfeld, Anfahrt über Sennfeld.

Informationen Umweltstation Reichelshof, Reichelshof 3, 97526 Sennfeld,

Tel. 09721/60 94 96, www.umweltstation-reichelshof.de.

Öffnungszeiten Ganzjährig geöffnet Mo–Fr 8–17 Uhr, Sommer: Mo–Fr 8–17 Uhr; Gruppen auf Anfrage auch am Wochenende

Preise Je nach Veranstaltung, siehe Homepage.

Die Sinne schärfen an der Umweltstation

Umweltstation – das klingt erst mal nicht besonders aufregend. Aber wenn ihr euch das Programm genau anseht, dann stellt ihr fest: Da könnt ihr eine fabelhaft spannende Zeit als Familie verbringen. Neues ausprobieren, spielerisch lernen und forschen. In der Umweltstation Reichelshof nahe Schweinfurt.

Die Umweltstation Reichelshof versteht sich als Begegnungsort für naturverbundene Familien. Generationsübergreifend lernen dort Groß und Klein mit und von der Natur und Umwelt.

Das ganze Jahr über gibt es Aktionstage und Projekte, für die ihr euch jedoch vorher unbedingt anmelden müsst. Informiert euch im Internet über das Angebot. Je nach Alter und Thema ist bei Exkursionen, Workshops, Experimenten, Gestaltung und Spiel für jeden etwas dabei. Geocaching, Bauernhof-Rallye, Erforschung der Main-Wasserwelten, Kinderreitkurs – das klingt doch spannend! Oder habt ihr Lust auf einen Kochkurs? Da lernt ihr zum Beispiel, wie das Korn zu Brot oder die Milch zu Käse wird.

Neben den begleiteten Freizeitaktivitäten gibt es auf dem Gelände auch so viel zu entdecken. Hautnah erlebt ihr Greifvögel in der Falknerei. Oder schaut einem Imker am Lehrbienenstand über die Schulter – ihr erkennt, wie friedlich Bienen sind. Erforscht die Streuobstwiesen oder die Gärten mit ihrer Vielzahl an Kräutern. Und natürlich gibt es noch jede Menge Tiere zu besuchen – Esel, Ponys, Hühner, Ziegen, Kamele, Schafe … und ein Dromedar.

Testet doch zum Abschluss das Dunkelcafé. Dort erfahrt ihr in Begleitung eines Blinden, wie man ohne Augenlicht seine Umgebung wahrnimmt. Ihr werdet erstaunt sein, wie sich nach sehr kurzer Zeit eure Sinne umstellen!

ANTENNE BAYERN TIPP

Direkt an der Umweltstation gibt es eine Radstation der besonderen Art: Hier kann man sich Räder ausleihen, die sich auch mit Behinderung gut fahren lassen. So steht einem barrierefreien Fahrradausflug ausnahmsweise nichts im Wege!

So nah kommt ihr einem Luchs sonst nie.

Anfahrt   **Öffentlich:** Mit der Bahn bis Schweinfurt, weiter mit dem Bus.   **Auto:** Über die A 70, Ausfahrt Schweinfurt-Zentrum, der Park liegt im Ortsteil Steinberg.

Informationen   Wildpark an den Eichen, Albin-Kitzinger-Str., 97422 Schweinfurt, Tel. 09721/472 78 39, www.schweinfurt.de.

Öffnungszeiten   Ganzjährig geöffnet.

Preise   Kostenlos.

Der rätselhafte Wildpark an den Eichen

Was ist die Burg Schweinstein? Gibt es eine Eulen-Waschanlage? Wo schwingt die Feldermaus-Schaukel? Was ist ein Tor der Wünsche? Und wer ist bitte Euliver? Der Rätsel Lösungen findet ihr im Wildpark an den Eichen vor den Toren Schweinfurts. Kommt und löst sie!

Kinder, Eltern, Großeltern, ganze Generationen besuchen schon seit vielen Jahren den Wildpark an den Eichen. Er ist eine feste Schweinfurter Institution, das ganze Jahr über rund um die Uhr zugänglich, und das ohne jegliche Eintrittsgebühr. Das funktioniert nur durch gutes Sponsoring. Mithilfe von äußerst witzigen und werbewirksamen Spendenaktionen präsentiert sich der Wildpark immer wieder neu und auffallend zeitgemäß.

Ihr könnt auf dem 50 Hektar großen Gelände jede Menge Tiere besuchen. Hühner, Hasen, Meerschweinchen, Störche, Gänsegeier, Damwild, Mufflons, Frettchen, Schafe, Ziegen, Esel, Vögel, Hochlandrinder, Uhus, Eulen, Greifvögel, Kolkraben, aber auch Luchse und Elche. Und nun ratet dreimal, wer wohl in der Burg Schweinstein lebt? Na?

Neben einem Streichelzoo gibt es viele weitere Attraktionen. Erkundet den Dreiseitbauernhof, das Baumhaus mit seinen Rutschen oder das Indianerfort. Erfrischt euch die Füße im Kneippbecken oder unter den Wassersprühdüsen am Planschbeckenbereich. Außerdem warten Liegewiesen, eine Feldermaus-Schaukel, der hölzerne Riesen-Kletter-Elch, ein Skulpturengarten oder die Aussichtsplattform am Elchgehege auf euch. Gegen Hunger und Durst gibt es die Waldschenke. Mit eurem Umsatz dort fördert ihr den Erhalt des Wildparks.

Zum Abschluss solltet ihr das sogenannte Tor der Wünsche durchschreiten. Vielleicht wünscht ihr euch ja, wieder einmal hierher in den Wildpark zu kommen?

Östlich von Schweinfurt liegt der wunderbare Ellertshäuser See. An seinen Ufern gibt es ein großes Erholungsgelände mit Badeplätzen.

Einfach kreativ sein

Anfahrt **Öffentlich:** Mit der Bahn bis Bad Kissingen, dann weiter mit Bussen, Haltestelle »Berliner Platz«. **Auto:** Über die A 3, Ausfahrt Hammelburg, dann weiter auf der B 287; oder über die A 71, Ausfahrt Bad Kissingen, weiter auf der B 286.

Informationen Aktivspielplatz, Sinnbergpromenade, Bad Kissingen, Tel. 0971/807 13 10 www.badkissingen.de.

Öffnungszeiten Nur wochentags von Mai bis Okt. 15–19 Uhr, in den Sommerferien ab 11 Uhr.

Preise Kostenlos.

Alles selber machen – auf dem Aktivspielplatz

12

Die einen werkeln, bauen, hämmern oder sägen. Die anderen basteln, nähen oder malen. Die Kreativangebote des großen Aktivspielplatzes in Bad Kissingen sind nahezu unerschöpflich. Dabei spielt euer Alter keine Rolle – jedermann ist willkommen und kann mitmachen.

Das Besondere am Aktivspielplatz sind seine vielen Angebote zum Bauen und Basteln. Ihr leiht euch Hammer, Nägel und Sägen aus und los geht's. Baut weiter an den bestehenden Hütten oder konstruiert hölzerne Kunstwerke. Lebt nach Herzenslust eure kreative Ader aus!

Das Jugend- und Kulturzentrum in Bad Kissingen betreibt diesen tollen neuen Aktivspielplatz. Eine 5000 Quadratmeter große Freifläche mit viel Bewegungsspielraum, auch einfach nur zum Austoben. Es gibt einen Bolzplatz für Ballspiele, ein großes Trampolin, einen Sandkastenbereich, der für kleinere Kinder geeignet ist, und eine Wasserrutsche.

Auch die Bastler unter euch sind gefordert. Bemalt Steine oder Windlichter. Schafft Sandbilder auf Holzbrettchen. Fertigt euch Schmuck oder Traumfänger. Näht und befüllt eure neuen Duftsäckchen mit Kräutern. Oder verwirklicht eure eigenen Ideen. Die Mitarbeiter vom Jugendzentrum werden euch sicher dabei helfen. So wurden auch schon ein Teich angelegt und Beete gegraben, auf denen jetzt gesundes Gemüse wächst. Und die Erwachsenen sind natürlich immer dazu eingeladen, kräftig mitzuhelfen.

Am Aktivspielplatz findet alles draußen im Freien statt. Deshalb gibt es auch die lange Winterpause. Seid einfach im nächsten Sommer wieder mit dabei und bringt neu gereifte Ideen ein!

ANTENNE BAYERN TIPP

Wenn eure Schaffenskraft eine Pause braucht, besucht doch den Wildpark Klaushof nahe Bad Kissingen. Die beeindruckende Schaufütterung bei Luchs, Wildkatze und Fischotter findet täglich gegen 15 Uhr statt. Dorthin bringt euch das kleine »Kurbähnle«, das am Kurgarten von Bad Kissingen startet.

Im Sambachshof dürft ihr so viel Karussell fahren, wie ihr mögt.

Anfahrt **Öffentlich:** Mit der Bahn nach Bad Neustadt an der Saale, weiter mit dem Bus. **Auto:** A 71, Ausfahrt Bad Königshofen.

Informationen Märchenwald Sambachshof, 97631 Sambachshof, Tel. 09761/26 14, www.maerchenwald-sambachshof.de.

Öffnungszeiten Palmsonntag bis 3. So im Okt. tgl. 9–18 Uhr.

Preise Ab 3 Jahren 7 €, darunter frei.

Im verwunschenen Märchenwald Sambachshof

Ach, wie gut, dass niemand weiß, dass ich … wie heiße? Jetzt ratet mal, was das wohl für ein Märchen ist? Wenn ihr Märchen mögt, dann nichts wie ab in den Märchenwald Sambachshof. Aber nicht nur diese und viele weitere Geschichten der Brüder Grimm warten dort auf euch, sondern auch viele Fahrgeschäfte …

Der Märchenwald Sambachshof am Rande der Rhön wurde in den Siebzigerjahren gebaut. Er liegt idyllisch acht Kilometer südlich der Kurstadt Bad Königshofen mitten im Wald. Der kleine Freizeitpark hat sich vor allem auf Familien mit kleineren Kindern spezialisiert. Bei einem Rundgang besucht ihr die Märchenhäuschen, in denen die Grimm'schen Märchen mit Puppen und Tieren liebevoll dargestellt sind. Auf Knopfdruck werden euch dazu die Geschichten vom Tonband erzählt.

Schnell fühlen sich Eltern wieder in die eigene Kindheit zurückversetzt. Die Geschichten sind kurzweilig zusammengefasst. Zu Hause werdet ihr dann Märchen wie Rotkäppchen, Hänsel und Gretel, der böse Wolf und die sieben Geißlein, Frau Holle, Froschkönig oder Dornröschen noch einmal genau lesen müssen.

Doch damit nicht genug: Der Sambachshof bietet noch viel mehr Attraktionen, die fast alle im Eintrittspreis inbegriffen sind. Nur der Sandkastenbagger und die Wasserspritzpistolen kosten 50 Cent extra. Wollt ihr eine Runde im Karussell drehen? Oder steigt ihr lieber fest in einem Schwanen-Tretboot in die Pedale, um auf dem Wasser zu schippern? Eine Bimmelbahn, das Elefanten-Karussell, die Froschkönig-Wasserbahn oder der Rote Baron stehen für euch bereit.

ANTENNE BAYERN TIPP

Kombiniert doch den Märchenwald mit einem Besuch der nahen Franken-Therme in Bad Königshofen. Jeden ersten Freitag im Monat ist Familientag, da ist der Eintritt besonders günstig. An der Black-Hole-Rutsche erlebt ihr Action, oder wollt ihr euch bis spät in den Herbst hinein im 30 °C warmen Quellwasser der Regiusquelle im Heilwassersee mit Felsengrotte erholen?

14 Freche Ziegen und neugierige Falken im Wildpark

Schauen – beobachten – lernen – spielen! All das bietet euch der Besuch des herrlichen Wildparks Tambach. Er liegt direkt am majestätischen Schloss Tambach in der Nähe zu Coburg. Dort seht ihr auch die atemberaubenden Vogelvorführungen eines Falkners.

Auf euch wartet ein spannender Familientag in einem der schönsten Wildparks Bayerns. Denn im einzigartigen Wildpark Schloss Tambach leben die Tiere in dem 50 Hektar großen Schlosspark vor einer beeindruckenden Kulisse – zwischen dem alten Baumbestand habt ihr immer wieder freien Blick auf das schöne Schloss. Es stammt aus dem 17. Jahrhundert.

Die Hauptrolle spielen natürlich die heimischen Wild- und Haustiere und jede Menge Vögel. Von A wie Adler bis Z wie Ziege leben hier fast 300 Tiere. Beobachtet sie ganz genau und erkundet den Wildpark mit dem Wildpark-Rallye-Quizbogen, den ihr an der Kasse bekommt.

Direkt vor dem prächtigen Schloss gibt es zweimal täglich eine Vogelflugschau. Dann dürfen Falken, Geier und Eulen frei fliegen. Natürlich gibt es auch einen Streichelzoo mit frechen Ziegen und einen großen Spielplatz für Kinder. Daneben liegt der Biergarten unter schattigen Platanen, wo ihr euch mit heimischen Wildspezialitäten stärken könnt.

Anfahrt **Öffentlich:** Mit der Bahn nach Coburg, weiter mit dem Bus, Haltestelle »Tambach«. **Auto:** Von der A 73, Ausfahrt Ebersdorf oder Ausfahrt Coburg, weiter zur B 4, bei Creidlitz auf die B 303 wechseln.

Informationen Wildpark Schloss Tambach, Schlossallee, 96479 Weitramsdorf bei Coburg, Tel. 09567/92 29 15, www.wildpark-tambach.de.

Öffnungszeiten Tgl. 8–18 Uhr, Greifvogelschau von Mitte März bis Ende der Herbstferien tgl. 10.30 und 15 Uhr. Hunde an der Leine sind erlaubt.

Preise Erwachsene ab 8,50 €, Kinder von 3–14 Jahren 5 €.

Wo Puppen und Teddybären zu Hause sind

Teddybären und Puppen sind sehr beliebt in den bayerischen Kinderzimmern. So ein Bär begleitet große und kleine Kinder durchs ganze Leben! In Neustadt könnt ihr selbst einen Teddybären zum Leben erwecken – und ihr erfahrt im Museum der Deutschen Spielzeugindustrie, wie Spielzeug früher war und wie es genau hergestellt wird.

Die inneren Werte zählen, so auch bei Teddybären und Puppen. Aber wie schaut eigentlich so ein Spielzeug hinter dem kuscheligen Fell oder dem hübschen Kleid aus? Auf diese und andere Fragen rund ums Thema Spielzeug bekommt ihr im Museum der Deutschen Spielzeugindustrie Antworten. Dort wird euch viel über die Spielzeugherstellung mit ihren Verarbeitungstechniken und den verschiedenen Materialien von Holz bis zum modernen Kunststoff gezeigt.

Wusstet ihr, dass es früher 16 Berufsgruppen gab, die nur für die Puppenproduktion arbeiteten? Auf drei Stockwerken lernt ihr die Geschichte der Neustadter Spielzeugindustrie kennen. Neustadt trägt übrigens den schönen Beinamen »Bayerische Puppenstadt«. Interessant ist die riesengroße Trachtenpuppen-Sammlung. Ihr ist eine eigene Abteilung gewidmet, denn die rund 800 Figuren in Trachten aus 100 Ländern sind etwas ganz Besonderes. In der Kinder-Kreativ-Werkstatt, die fast jeden dritten Samstag im Monat stattfindet, nutzt ihr eines der vielen Angebote. Ihr bastelt Kerzen, näht Teddys oder macht beim Filzkurs mit.

Anfahrt Öffentlich: Mit der Bahn nach Neustadt, weiter mit dem Bus bis zum Museum. Auto: Über die A 73, Ausfahrt Neustadt bei Coburg, nach Neustadt.

Informationen Museum der Deutschen Spielzeugindustrie, Hindenburgplatz 1, 96465 Neustadt bei Coburg, Tel. 09568/56 00, www.spielzeugmuseum-neustadt.de.

Öffnungszeiten Di–So 10–17 Uhr.

Preise Erwachsene 4 €, Kinder 2 €.

16 Idyllischer Tierpark im Stadtpark Theresienstein

Ihr liebt Tiere, spielt gern und freut euch über Pflanzen? Dann kommt in den Zoo in Hof. Dem als »klein, aber fein« bekannten Tierpark im Stadtpark Theresienstein angeschlossen ist auch noch ein botanischer und geologischer Garten, dazu gibt es tolle Spielmöglichkeiten für Kinder.

Der große Stadtpark Theresienstein bietet viel: zum einen den frei zugänglichen botanischen und geologischen Garten. Dort wachsen zahlreiche Kräuter und es gibt einen Seerosenteich und Prachtstaudenbeete. In den Sommerferien locken euch viele Veranstaltungen wie »Riechen, schmecken, fühlen« dorthin.

Das große Highlight im Park ist jedoch der kleine Hofer Zoo. Hier trefft ihr auf eine breite Palette unterschiedlichster Tiere. Ponys, Wildkatzen, Kängurus, Lamas, Nasen- und Waschbären. Ihr könnt aber auch kleinere Tiere wie Meerschweinchen, Sumpfbiber oder Zwergmangusten beobachten. Auch viele Raubvögel, Enten, Störche und Sittiche leben hier. Und es gibt ein Tropenhaus mit Schlangen, Echsen, Fischen und Giftfröschen. Besonders nett ist die neugierige und verspielte Horde Kapuzineraffen, die sich in ihrem Gehege sichtlich wohl fühlt.

Zum Glück ist der Abstand zu den Tieren gering. Deswegen eignet sich der Hofer Zoo hervorragend für Familien mit kleineren Kindern, denn so ist es leicht, die Tiere intensiv zu beobachten.

Anfahrt **Öffentlich:** Mit der Bahn nach Hof, weiter mit dem Bus, Haltestelle »Zoo Hof«. **Auto:** Von der A 93, Ausfahrt Hof-Ost, weiter auf der B 173 zum Tierpark nördlich von Hof; oder von der A 9, Ausfahrt Hof-West, durch Hof auf die B 173 Richtung Plauen.

Informationen Zoo Hof, Alte Plauener Str. 40, 95028 Hof, Tel. 09281/854 29, www.zoo-hof.de.

Öffnungszeiten Sommer tgl. 9–18 Uhr, Winter tgl. 9–16 Uhr.

Preise Erwachsene 5 €, Kinder ab 3 Jahren 3 €.

Einzigartiges Theatergeschehen – mitten im Wald 17

Ganz verzaubernd – mitten im Wald, da gibt's jeden Sommer Theateraufführungen, die einzigartig in Bayern sind. Die Naturbühne Trebgast ist so ganz anders als andere Theater. Die Blätter der Bäume sind das Dach, die Akustik ist ungewöhnlich, die Kulisse großartig. Kinder und Erwachsene lieben diese Bühne.

Kultur und Natur vereinen sich beim Theater in Trebgast durch die einzigartige Lage seiner Kulisse: mitten im Wald! Die Bühne liegt im Freien, umgeben von Felsen, Bäumen und Sträuchern. Sie ist aus Sandstein und eine Steinwand bildet den Hintergrund. Als Überdachung dient das grüne Blätterdach der Bäume. Die Akustik der Naturbühne ist entsprechend einmalig. Spitzt die Ohren, ob ihr vielleicht noch mehr als nur die Schauspieler hört!

Alle Schauspieler arbeiten hier sozusagen nebenbei, denn sie haben alle einen anderen Beruf. Aber das merkt man überhaupt nicht. Nach der Vorführung macht ihr am besten gleich noch Fotos mit ihnen und schüttelt ihre Hände. Wer weiß, vielleicht besitzt ihr dann ein Foto eines angehenden Stars!

Die Stücke selbst sind unheimlich witzig und voller Aktionen. Es werden jährlich vier verschiedene Stücke gespielt. Am besten beeilt ihr euch, denn die Karten sind schnell ausverkauft.

Anfahrt **Öffentlich:** Mit der Bahn bis Trebgast, dann 20 Min. Fußweg. **Auto:** Von der A 70, Ausfahrt Kulmbach, weiter über die B 85, rechts nach Trebgast; oder über die B 289 von Kulmbach in Richtung Münchberg, bei Kauerndorf rechts auf die St 2182 nach Trebgast.

Informationen Naturbühne Trebgast e. V., Am Wehelitzer Berg, 95367 Trebgast, Tel. 09227/62 20, www.naturbuehne-trebgast.de.

Öffnungszeiten Spielsaison von Ende Mai bis Mitte August, Termine siehe Spielplan. Der Zuschauerraum ist überdacht, die Vorstellungen sind wetterunabhängig.

Preise Erwachsene 9 €, Kinder von 3–15 Jahre 6 €.

Der nahe Klettergarten verschafft euch den Überblick über den Irrgarten.

Anfahrt **Öffentlich:** Mit der Bahn nach Hof, weiter mit dem Bus, Haltestelle »Untreusee/Lindenbühl«. **Auto:** Von der A 9, Ausfahrt Hof-West, weiter auf der B 15 Richtung Hof, dann in südlicher Richtung der Ausschilderung zum Untreusee folgen.

Informationen Labyrinth am Untreusee, 95032 Hof, Tel. 09281/16 06 1 01, www.labyrinth-untreusee.de.

Öffnungszeiten Mitte April bis Anfang Nov. Mo–Fr 13–19 Uhr, Wochenende/feiertags/Ferien 10–19 Uhr, letzter Einlass 18 Uhr, ab Okt. 17 Uhr bzw. 16 Uhr.

Preise Erwachsene ab 8 €, Kinder von 5–13 Jahren 6 €.

Der total verrückte Irrgarten am Untreusee

Rechts, links, geradeaus – doch plötzlich: eine Sackgasse! Wisst ihr jetzt noch, wo ihr gerade seid? Das ist gar nicht so leicht hier, denn ihr befindet euch im total verrückten Irrgarten am Untreusee bei Hof. Ein Riesenspaß für die ganze Familie, vor allem, wenn ihr euren Besuch mittels Zeitmessung zu einem Duell »Jung gegen Alt« ausbaut.

Im Gegensatz zu einem Labyrinth im Maisfeld dürft ihr euch am Untreusee fast das ganze Jahr über verirren. Der Irrgarten besteht aus vielen hölzernen Trennwänden. Die sind so hoch, dass es nicht möglich ist, auch nur einen Blick darüber zu werfen.

Abzweigungen, Sackgassen und Wegschleifen leiten euch ständig fehl. Bewahrt Geduld, denn ein richtiges Ziel gibt es nicht. Dafür eine Aufgabe: Wie beim Memory-Spiel sucht ihr nach Bildern, die ihr euch dann merkt. Außerdem sucht ihr vier Motive: die Sonne, den Mond, einen Stern und die Erde. Wo ihr sie findet, liegen Stempel für euch bereit. Nur wer bei der Jagd nach den Stempeln erfolgreich ist, bezwingt den Irrgarten. In der Mitte befindet sich eine Plattform, auf die ihr steigen könnt, um das Geschehen von oben zu überblicken.

In den Irrgarten integriert ist ein kleines Labyrinth. Worin besteht eigentlich der Unterschied? In einem Irrgarten werdet ihr absichtlich in die Irre geleitet. In einem Labyrinth hingegen führt euch der Weg ohne Sackgassen vom Eingang bis zur Mitte, dem Ziel. Und das mit vielen Zickzackkursen. Der Rückweg aus einem Labyrinth gleicht dem Hinweg, wogegen ihr euch im Irrgarten auf dem Weg zurück genauso verlaufen könnt wie auf dem Weg hinein. Doch mit etwas Geduld schafft ihr das locker. Denn eines ist sicher: Im Irrgarten am Untreusee ist noch niemand verloren gegangen.

ANTENNE BAYERN TIPP

Am Untreusee gibt es außerdem einen großen Klettergarten und einen Abenteuerspielplatz. Im Sommer könnt ihr am See herrlich baden, ein Tretboot leihen oder Minigolf spielen.

Ein bisschen Mut gehört am Ochsenkopfer Ziplinepark schon dazu!

Anfahrt
Öffentlich: Mit der Bahn nach Weidenberg oder Bayreuth, weiter mit Bussen. **Auto:** Sommerrodeln: A 9, Ausfahrt Himmelskron, weiter über die B 303 nach Bischofsgrün. Mountainbiken/Ziplinepark: A 9, Ausfahrt Bayreuth-Nord, weiter über die St 2181 nach Warmensteinach.

Informationen
Seilschwebebahnen am Ochsenkopf, Talstation Nord, Fröbershammer 27, 95493 Bischofsgrün, Tel. 09276/604, www.sommerrodelbahn-ochsenkopf.de; Seilstation Süd, Fleckl 40, 95485 Warmensteinach, Tel. 09244/98 24 99, www.ziplinepark.info.

Öffnungszeiten
Sommerrodelbahn: März bis Anfang Nov. tgl. bei guter Witterung; Bikepark tgl. bei Liftbetrieb, Ziplinepark: Startzeiten 11 Uhr und 14.30 Uhr an Wochenenden/Feiertagen.

Preise
Sommerrodelbahn: Liftfahrt bis Mittelstation und Rodeln: Erwachsene 4,50 €, Kinder von 6–15 Jahren 3,50 €; Bikepark: z. B. 5er-Karte Erwachsene 15 €, Kinder 11 €; Ziplinepark: Erwachsene 29 €, Kinder 27 €.

Altersbeschränkung
Sommerrodelbahn unter 8 Jahren nur mit Erwachsenen; Ziplinepark erst ab 12 Jahren; Bikepark nur für gute Fahrer.

Actionreiches Freizeitparadies am Ochsenkopf

Sommerrodeln, Wandern, Mountainbiken oder Deutschlands erster Ziplinepark. Interessiert euch das? Das Freizeitparadies dafür heißt Ochsenkopf, der zweithöchste Berg des Fichtelgebirges, auf den sogar zwei Lifte hinaufführen.

Den Ochsenkopf erkennt ihr von Weitem, denn er ist gekrönt von einem Sendemast. Von zwei Seiten führen Lifte auf den Gipfel, kein Wunder, dass er zu den beliebten Wanderregionen zählt. Doch ihr könnt dort sehr viel mehr unternehmen! Auf euch warten eine rasante Sommerrodelbahn, ein Downhill-Bikepark oder Deutschlands erster Ziplinepark.

Die Sommerrodelbahn liegt an der Nordseite des Ochsenkopfes. Den Startplatz erreicht ihr mit der Seilbahn. Natürlich könnt ihr auch zu Fuß in 20 Minuten bis zur Mittelstation wandern. Dann beginnt der rasante Fahrspaß durch zehn Steilkurven über zwei Jumps auf der gut 1000 Meter langen Strecke. Die Geschwindigkeit regelt ihr mit dem Bremshebel und bald habt ihr den Bogen raus. Immer schneller saust ihr hinab – es ist kinderleicht!

Ihr seid gute Mountainbiker und wollt den ultimativen Kick? Dann fahrt doch auf die Südseite des Berges. Dort gibt es den »Fichtlride«, einen Bikepark mit einer ziemlich wilden Singletrail-Abfahrt. Der obere Teil ist ganz schön schwer, unten wird es dann leichter. Einige Hindernisse lassen sich umfahren, aber wenn es doch zu anspruchsvoll ist, fahrt ihr einfach über die Skipiste oder über Forstwege ab. Euer Mountainbike wird übrigens bequem mit dem Lift hinaufbefördert. So konzentriert ihr euch ganz auf die Abfahrt!

Für den Ziplinepark, der ebenfalls auf der Südseite liegt, bekommt ihr nach vorheriger Anmeldung eine Einweisung. Das Prinzip kennt ihr aus Kletterparks. Gesichert durch eine Ausrüstung, schwingt ihr euch über 16 gespannte Drahtseile durch den Wald. Und das fast ab der Bergstation bis hinunter ins Tal. Ein Flugerlebnis mit Suchtpotenzial!

Die Aufführungen der Studiobühne werdet ihr nicht so schnell vergessen!

Anfahrt **Öffentlich:** Mit der Bahn nach Bayreuth, weiter mit dem Bus, Haltestelle »Rögtenstraße/Studiobühne«. **Auto:** Über die A 9, Ausfahrt Bayreuth-Süd, von dort an der Uni vorbei Richtung Innenstadt, das Theater liegt südlich des Altstadtkerns.

Informationen Studiobühne Bayreuth, Röngtenstr. 2, 95477 Bayreuth; Kartenverkauf über die Theaterkasse Bayreuth, Tel. 0921/690 01, www.studiobuehne-bayreuth.de.

Öffnungszeiten Aufführungen mehrmals pro Woche, Spielplan siehe Internet.

Preise Erwachsene 14 €, Kinder 10 €.

Altersbeschränkung Die einzelnen Theaterstücke haben Altersempfehlungen.

Theaterluft schnuppern: Die Studiobühne Bayreuth

Wer kennt sie nicht, die berühmten Bayreuther Wagner-Festspiele. Was aber nicht jeder weiß: In Bayreuth gibt es noch eine andere erstklassige Bühne – ein Theater für alle! In der Studiobühne Bayreuth schauen sich Groß und Klein völlig neue, modern interpretierte, aber auch klassische Theaterstücke an.

Bayreuth ist überall auf der Welt bekannt für seine Richard-Wagner-Festspiele, die jeden Sommer stattfinden. Absolut exklusiv – auch im Preis – ziehen diese weltberühmten Opernaufführungen jedes Jahr viel Prominenz und Wagner-Liebhaber in die Stadt. Doch daneben hat sich in Bayreuth eine zweite Bühne deutschlandweit einen Namen gemacht.

Die Studiobühne Bayreuth existiert seit mehr als 30 Jahren. Es ist ein wunderbares Theater für Groß und Klein. Fast 100 aktive Mitglieder umfasst das Ensemble. Bis zu 14 Stücke stehen jedes Jahr auf dem Programm, davon sogar immer ein bis zwei Uraufführungen. Die bunte Mischung der Inszenierungen umfasst modern und neu interpretierte Klassiker, aktuelle Dramen, experimentelles Theater, Musicals, Märchen sowie Kinder- und Jugendstücke, die sich für die ganze Familie eignen. Und es gibt einige Wagner-Parodien, die stets während der Wagner-Festspielzeit gezeigt werden.

Faszinierend sind die unterschiedlichen Aufführungsorte der Studiobühne Bayreuth. Denn jedes Jahr verlässt das Theater während der Sommermonate seinen Stammsitz, der in einem ehemaligen, aber frisch renovierten Offizierskasino aus dem Jahre 1907 untergebracht ist. Dann spielt das Ensemble auf den herrlichen, historischen Open-Air-Bühnen in und um Bayreuth in einer wirklich sehr festlichen und gleichzeitig ungewöhnlichen Umgebung.

Freut euch auf Inszenierungen im römischen Ruinentheater der Markgräfin Wilhelmine im Schlosspark der Bayreuther Eremitage. Oder besucht Aufführungen im Felsentheater von Sanspareil, das gut 25 Kilometer außerhalb der Stadt Bayreuth liegt.

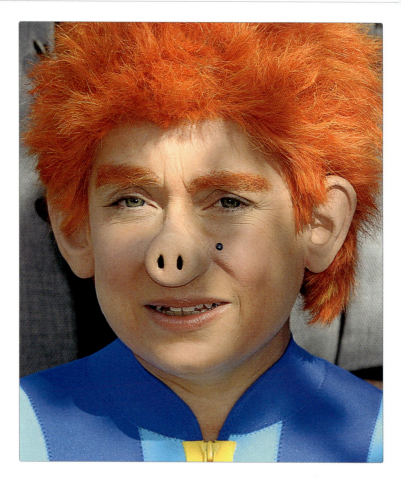

Das Sams ist einfach unverkennbar.

Anfahrt **Öffentlich:** Mit der Bahn nach Bamberg, weiter mit Bussen bis zum Domplatz.
Auto: Über die A 73 oder A 70 nach Bamberg ins Zentrum, nahes Parken in der Tiefgarage Geyerswörth.

Informationen Sams-Führungen Maria Wunderlich, Treffpunkt: Eingang zur Alten Hofhaltung, 96049 Bamberg, Tel. 0951/20 20 50, www.sams-fuehrung-bamberg.de.

Öffnungszeiten März bis Nov. mehrere Termine pro Monat, jeweils 15 bis ca. 17 Uhr.

Preise Erwachsene 8 €, Kinder 6 €.

Zu Besuch beim »Sams« in Bamberg

Das Sams ist wirklich unverwechselbar und gehört zu Bamberg wie sein Erfinder Paul Maar. Für alle Fans und jene, die es spätestens dann werden, wenn sie dem Sams begegnen, sind die Sams-Führungen ein Muss. Begleitet das Sams zu allen Originalschauplätzen des gleichnamigen Kinofilms. Das macht Spaß!

Gestatten: Sams! Sams, das ist ein respektloses, witziges, vorlautes Wesen mit roten Haaren, Rüsselnase und blauen Punkten im Gesicht. Es trifft an einem Samstag auf Herrn Taschenbier und erklärt ihn kurzerhand zu seinem Papa. Es sucht sich ausgerechnet den etwas schüchternen Herrn Taschenbier aus, weil dieser lustigerweise weiß, dass das merkwürdige Wesen, das er auf dem Bamberger Marktplatz findet, nur ein Sams sein kann. Als Herr Taschenbier entdeckt, dass er mithilfe der blauen Punkte Sams Wünsche erfüllen kann, verändert sich sein Leben.

Der erste Sams-Band wurde von Paul Maar bereits 1973 geschrieben. Der Autor lebt in Bamberg und so lag es nahe, die wunderschöne oberfränkische Stadt zur Kulisse für die Sams-Verfilmung 2001 zu machen. Wenn ihr das Sams mögt und euch der Film gefallen hat, dann nichts wie auf nach Bamberg! Aber auch, wer das Sams ganz neu entdeckt, wird begeistert sein. Auf den Spuren des Sams erkundet ihr fast die ganze Stadt. Und natürlich seht ihr alle wichtigen Filmkulissen und Originalschauplätze. An den einzelnen Besichtigungspunkten erwarten euch Infos zu Hintergründen und Tricks rund um den ersten Teil der Sams-Filme.

Unbedingt witterungsgerecht anziehen, ihr seid im Freien. Anmelden müsst ihr euch nicht. Es wird einfach vor Ort bezahlt. Der Treffpunkt ist am Eingang zur Alten Hofhaltung beim Historischen Museum.

ANTENNE BAYERN TIPP

Wenn ihr vom Sams noch nicht genug habt, macht doch den Sams-Spielplatz auf dem Gelände der Landesgartenschau unsicher. Spannend ist auch ein Besuch des Bamberger Naturkundemuseums mit seinem berühmten »Vogelsaal«.

So ein Monsterbagger imponiert doch gewaltig!

Anfahrt **Öffentlich:** Mit der Bahn nach Ebing, von dort ca. 2 km zu Fuß. **Auto:** Von der A 73, Ausfahrt Breitengüßbach-Nord, weiter auf der B 4 Richtung Norden bis Rattelsdorf.

Informationen Monsterpark, Im Stock 11, 96179 Rattelsdorf, Tel. 09547/873 55 40 (Wochenende) oder 09547/304 (werktags), www.monsterpark.de.

Öffnungszeiten April bis Anfang Nov. Sa 10–18 Uhr, So/feiertags 11–18 Uhr, ab Okt. nur bis 17 Uhr.

Preise Eintritt 3 € pro Person, Tageskarten ab 18 € (Fahrgeschäfte Miniklasse), Exklusivbaggern ab 20 € (30 Min./bis 10 t). Viele Kombitickets.

Altersbeschränkung Allein Baggerfahren erst ab 5 Jahren. Mittel- und Monsterklasse ab 14 Jahren.

Wo Kinder und Väter um die Wette baggern

22

Spätestens seit Bob dem Baumeister wissen Eltern, was sich Kinder wünschen: einmal im Leben Bagger fahren. Aber erhoffen sich das wirklich nur Kids? Träumen Väter nicht auch davon? Im Monsterpark von Rattelsdorf könnt ihr ausprobieren, wer von euch die größte Begeisterung zeigt. Jede Menge PS-Monster warten dort auf euch und bieten Action pur!

Dieser Ausflug ist einzigartig, denn der Monsterpark ist eine Welt für sich! Hier hat die ganze Familie ihren Spaß, egal ob Groß oder Klein. Selbst für Kinder, die noch zu jung sind, um einen eigenen Bagger zu fahren, ist jede Menge geboten.

Als Erstes besucht ihr am besten das Baumaschinenmuseum. Auf dem Rundgang im Freien seht ihr 130 historische Baumaschinen aus aller Welt. Dann geht's in den eigentlichen Monsterpark. Auf einer Fläche von 30 000 Quadratmetern stehen große und kleine PS-Ungeheuer. Vor allem Männeraugen beginnen jetzt durchwegs zu leuchten, denn um es mit James Brown zu sagen: »It's a man's world!« Legt los und baggert, was das Zeug hält. Gerne den ganzen Tag. Je nach gelöster Eintrittskarte könnt ihr Minibagger, Minilader, Miniraupe nutzen oder euch in der teureren Kategorie auf die Mittelklassefahrzeuge schwingen.

Die Monsterklasse ist Erwachsenen vorbehalten. Natürlich bekommt ihr eine Einweisung. Die Preise sind zwar ambitioniert, aber das erklärt sich, wenn ihr seht, um was für ein Monster es sich handelt: 1000 PS stark, 100 Tonnen schwer und allein der Reifendurchmesser beträgt drei Meter! Der Monsterlader Komatsu WA 800 geizt nicht mit Superlativen und was der an Sprit schluckt, könnt ihr euch denken.

Neben diesen Wahnsinns-Baumaschinen gibt es einen super Kinderbereich mit Sandkasten, Kletterbaum, Elektroautos, Kinderbagger, Wasserspielplatz, Reitpferdchen, Traktoren und einer großen Kinderbaustelle.

Zu guter Letzt dürft ihr die Baggershow des Monsterpark-Besitzers Gerhard Seibold nicht versäumen. Unglaublich, wie der Baggerkönig mit seinen Maschinen tanzt.

In der Klettererlebniswelt Magnesia
könnt ihr die »Wände hochgehen«.

Anfahrt **Öffentlich:** Mit der Bahn nach Forchheim, weiter mit dem Bus, Haltestelle »Spinnerei«. **Auto:** Von der A 73, Ausfahrt Forchheim-Nord oder -Süd, weiter Richtung Bahnhof, von dort auf die B 470 Richtung Ebermannstadt.

Informationen Magnesia Kletter-Seil-Erlebnispark, Trettlachstr. 1 (im Wiesent Center), 91301 Forchheim, Tel. 09191/61 65 94, www.magnesia-klettern.de.

Öffnungszeiten Sommer: Mo–Fr 14–22 Uhr, Wochenende/feiertags 10–20 Uhr; Winter: Mo/Fr 14–23 Uhr, Di–Do 10–23 Uhr, Wochenende/feiertags 10–22 Uhr.

Preise Erwachsene ab 11 €, Kinder ab 6,50 €, DAV-Ermäßigung möglich; Hochseilgarten 60 € pro Std. (unabhängig von Teilnehmerzahl, nur mit Trainer); Schnupperklettern: Erwachsene 25 €, Kinder 18 €.

Nervenkitzel in der Klettererlebniswelt Magnesia

Wo sonst erlebt ihr ein solch vielseitiges Kletterabenteuer – und das noch dazu völlig unabhängig vom Wetter? Kommt einfach in die Hallen des Magnesia Kletter-Seil-Erlebnisparks in Forchheim. Dort kraxelt ihr Wände hoch, übt im Boulderraum Schwerelosigkeit oder wagt euch in den Indoor-Hochseilgarten.

Aufregende Stunden mit Nervenkitzel der Extraklasse warten auf euch. Falls ihr noch keine Erfahrung mit dem Klettern habt, bei Magnesia sind auch Neueinsteiger in besten Händen. Jeden Freitag findet von 18 bis 20 Uhr ein Schnupperklettern statt. Meldet euch kurz vorher an, dann nehmt ihr sicher teil! Fachkundige Mitarbeiter zeigen euch genau, wie es funktioniert, und geben wichtige Tipps und Tricks weiter. Danach versucht ihr euch selbst an den ersten Kletterrouten. Strecken mit den wunderbaren Namen wie »Max und Moritz«, »Ein Traum in Rosa«, »Keep smiling« oder »Rapunzel« sind an der Kinderwand installiert. Hier trainieren auch viele erwachsene Anfänger und probieren das Klettern an den bunten Griffen aus.

Wer schon Übung hat, wählt eine von über 180 Routen aus. Und wer dort den »Fall out« oder die »Fränkische Bauernplatte« – eine A9-Klettertour! – schafft, zählt sicher schon zu den »Cracks« unter den Kletterern.

Falls ihr Lust habt, gibt es eine weitere Herausforderung: einen Indoor-Hochseilgarten. Auf rund sieben Meter Höhe wagt ihr euch auf ständig schwankende und wackelige Balken – natürlich mit den nötigen Sicherheitsvorkehrungen. Ihr bewegt euch auf dem Spinnennetz oder Balancierbalken. Wer ist mutig und absolviert den Tarzansprung?

ANTENNE BAYERN TIPP

Eine weitere Freizeitidee gefällig? Besucht doch das Erlebnismuseum »Rote Mauer« in der Forchheimer Altstadt. In den original erhaltenen Kasematten der Forchheimer Festung erfahrt ihr nicht nur viel aus der Zeit des 16. Jahrhunderts, sondern könnt bei einer dramatischen Inszenierung miterleben, wie Soldaten und Bürger den Dreißigjährigen Krieg erlebten.

Steigt schnell ein, damit der Zug nicht ohne euch abfährt!

Anfahrt **Öffentlich:** Mit der Bahn nach Ebermannstadt. **Auto:** Von der A 73, Ausfahrt Forchheim-Süd, weiter auf der B 470 durch Forchheim nach Ebermannstadt zum Bahnhof. Parkplätze vorhanden.

Informationen Dampfbahn Fränkische Schweiz e. V., 91316 Ebermannstadt, Tel. 09194/72 51 75, www.dfs.ebermannstadt.de.

Öffnungszeiten Ende April bis Anfang Okt. jeden So drei Abfahrtszeiten, an Feiertagen zusätzlicher Fahrbetrieb.

Preise Hin- und Rückfahrt: Erwachsene 12 €, Kinder von 6–14 Jahren 6 €, Kinder bis 14 Jahre kostenlos in Begleitung der Eltern; Sonderveranstaltungen kosten extra.

Dampflok-Fahrt durch die Fränkische Schweiz 24

Kennt ihr Emma? Das ist die kleine Dampflok von Jim Knopf und Lukas, dem Lokomotivführer. Mit so einer Lok wolltet ihr doch sicherlich immer schon einmal mitfahren. Dazu habt ihr im Sommer jeden Sonntag Gelegenheit – in Ebermannstadt in der wunderschönen Fränkischen Schweiz.

Seit nunmehr 35 Jahren schnaubt, dampft und zischt es wieder in Ebermannstadt. Dort hat der Verein »Dampfbahn Fränkische Schweiz« 1974 seine Arbeit aufgenommen, nachdem die Eisenbahnstrecke stillgelegt werden sollte. Das Ziel, die alte Strecke zu erhalten und wiederzubeleben, hat der Verein in die Tat umgesetzt. Heute rattern wieder mehrere Dampfloks und Dieselzüge aus dem vereinsinternen Fuhrpark über die Gleise. Die älteste Lokomotive Typ »Ploxemam« ist Baujahr 1923 und trotz ihres betagten Alters dampft sie fröhlich vor sich hin. Wie viel Dampf so eine Lok produziert, merkt ihr deutlich, wenn ihr euch für die Fahrt in den ersten Waggon setzt oder direkt auf die Plattform hinter der Lok stellt. Da qualmen die Dampfwolken in euer Gesicht und sogar ein Rußstreifen ist da schon mal drin. Aber um das zu erleben, müsst ihr aufpassen, dass ihr auch wirklich an einem »Dampftag« eine Fahrkarte kauft.

Die 16 Kilometer lange Strecke führt von Ebermannstadt nach Behringersmühle durch die wunderbare Landschaft der Fränkischen Schweiz. Das Flüsschen Wiesent windet sich neben den Gleisen und durch die Fenster seht ihr die Basilika Gößweinstein oder die Burgruine Neideck. 45 Minuten dauert die Fahrt, unterbrechen könnt ihr sie in Streitberg, Muggendorf oder Gößweinstein.

Sehr beliebt sind auch die Sonderfahrten. So gibt es u. a. den »kleinKunstzug« mit kulturellen Veranstaltungen fränkischer Künstler oder Nikolausfahrten.

ANTENNE BAYERN TIPP

Unterbrecht doch eure Fahrt in Streitberg und besichtigt die Binghöhle mit ihren beeindruckenden Tropfsteinformationen.

25 Von Baum zu Baum im Kletterwald Pottenstein

So gekonnt und behände wie ein Affe von Baum zu Baum klettern und dazwischen den Boden kaum berühren, wer möchte das nicht einmal ausprobieren? Hier im Kletterwald Pottenstein kann jeder zum Klettermaxe werden und sich von Ast zu Ast hangeln.

Insgesamt gibt es zwölf Parcours, gespickt mit witzigen und spannenden Hindernissen, die ihr überwinden müsst. Das macht unglaublich Spaß, denn einige davon sind ganz schön raffiniert.

Um eure Ausrüstung und Sicherheit kümmert sich das geschulte Personal des Klettergartens. Gesichert wird über ein Klettersteigset. Damit ihr keine Blasen an den Händen bekommt, gibt es Handschuhe. Nach einem Probelauf unter den Augen der Mitarbeiter dürft ihr ins Gelände.

Die Parcours tragen alle Namen von Klettertieren. Logischerweise: je kleiner das Tier, umso leichter die Tour. So können sich bereits Vierjährige in Begleitung eines Erwachsenen auf den Eichhörnchen- oder Koala-Pfad wagen. Ganz neu ist eine 230 Meter lange Seilbahn, zu der ihr erst einmal aufsteigen müsst. Nur so könnt ihr über das Gelände fliegen und euch alles von oben ansehen. Nur Mut!

Anfahrt **Öffentlich:** Mit der Bahn bis Pegnitz, weiter mit dem Bus bis Haltestelle »Schöngrundsee«. **Auto:** Von der A 9 über die B 470 nach Pottenstein, von dort auf der St 2163 Richtung Süden nach Weidenloh.

Informationen Kletterwald Pottenstein, Weidenloh, 91278 Pottenstein, Tel. 0174/ 243 41 67, www.kletterwald-pottenstein.de.

Öffnungszeiten In den Oster-/Herbstferien und Anfang Juni bis Mitte Sept. tgl. 10–18 Uhr, dazwischen nur Fr–So, letzter Einlass 2 Std. vor Ende. Bei Sturm und Gewitter geschlossen.

Preise Erwachsene 17,50 €, Kinder 4–8 Jahre 10,50 €, 9–11 Jahre 13 €, Jugendliche 12–17 Jahre 15 €. Tickets gelten für 2,5 Std.

Altersbeschränkung Ab 4 Jahren.

Schatzsuche im früheren Oberfränkischen Meer

Sucht und findet einen ganz speziellen und vor allem uralten Schatz! Von was ist hier die Rede? An der Schlehenmühle bei Egloffstein schürft ihr nach Fossilien und stoßt dabei auf wundersame Versteinerungen, die viele Millionen Jahre alt sind.

Stellt euch vor: Vor über 220 Millionen Jahren befand sich an der Stelle, wo heute Oberfranken liegt, ein großes Meer! Zugegeben, das ist schon ziemlich lange her. Übrig geblieben aus dieser Zeit sind viele wunderschöne Versteinerungen, die in der Erde versteckt liegen.

Viele dieser Versteinerungen findet ihr am Gasthof Schlehenmühle. Hier gibt es aber keinen Steinbruch. Die Wirtsleute haben sich etwas ganz Besonderes ausgedacht: Sie haben einen Klopfplatz eingerichtet. Dafür holen sie aus der nahen Gräfenberger Grube eine Unmenge von Steinen – natürlich nur solche aus der fossilreichen Schicht. Die Steine werden neben dem Minigolfplatz abgeladen. Hammer und Augenschutz leiht ihr euch einfach im Wirtshaus kostenlos aus und schon kann es losgehen.

Das Klopfen macht sicherlich hungrig. Stärken könnt ihr euch im Gasthof – die Schlehenmühle ist bekannt für leckere fränkische Spezialitäten.

Anfahrt **Öffentlich:** Mit der Bahn nach Gräfenberg oder Pretzfeld, von dort weiter mit dem Bus bis Äpfelbach, dann kurzer Fußmarsch. **Auto:** Von der A 3, Ausfahrt Erlangen-West, Richtung Forchheim über Pretzfeld nach Schweintal/Egloffstein. Kurz nach Schweintal links zur Schlehenmühle.

Informationen Gasthof Schlehenmühle, Schlehenmühle 1, 91349 Egloffstein, Tel. 09197/291, www.gasthof-schlehenmuehle.de; Touristinfo Trubachtal, www.trubachtal.com.

Öffnungszeiten Außer Do tgl. 9.30–21 Uhr, von Nov. bis März auch Mi Ruhetag.

Preise Tageskarte Fossilienklopfplatz: Erwachsene 5 €, Kinder bis 12 Jahre 3 €; Minigolfplatz: ab 12 Jahre 2 €, Kinder 5–12 Jahre 1,50 €.

Das Freizeitbad Atlantis ist für alle Wasserratten eine Reise wert.

Anfahrt **Öffentlich:** Mit der Bahn bis Erlangen, weiter mit dem Bahnbus Richtung Herzogenaurach, Haltestelle »Atlantis«.
Auto: Über die A 3, Ausfahrt Frauenaurach, weiter Richtung Herzogenaurach.

Informationen Freizeitbad Atlantis, Würzburger Str. 35, 91074 Herzogenaurach, Tel. 09132/738 50, www.atlantis-bad.de.

Öffnungszeiten Tgl. 10–22 Uhr.

Preise Tageskarte: Erwachsene 13 €, Kinder 10 €.

Gigantische Wasserwelt Atlantis 27

Splish-Splash! Liebt ihr warmes Wasser und geht gern baden? Dann ist das Freizeitbad Atlantis in Herzogenaurach genau das Richtige. Hier tauchen, planschen, schwimmen, spritzen und rutschen alle Wassernixen, Piraten und Seebären um die Wette, aber auch Erholung und Ruhe sind möglich.

Das Freizeitbad Atlantis ist so riesig – da findet wirklich jeder etwas, was ihm super gefällt. Zum Entspannen und Wohlfühlen gibt es dort z. B. ein Dampfbad, Whirlpools und ein extrawarmes Außenbecken mit Massageliegen. Der abgetrennte Saunabereich lockt vor allem die Erwachsenen, sich zwischendurch ein wenig zurückzuziehen. Der unbestritten größte Hit aber sind die actionreichen Kinder-Wasserwelten.

Stürzt euch doch erst mal ins Wellenbad. Alle 30 Minuten wird der Pool zum großen Meer. Das Wasser brandet auf und ihr schaukelt schön dahin. Was für ein Spaß! Danach geht ihr vielleicht in den großen Wasserspielpark mit seinem Strömungskanal? Auf mehreren Ebenen bewegt ihr euch auf Laufstegen, Kletternetzen oder durch Kriechröhren. Ihr rutscht durch Tunnel, steigt über Dschungel-Brücken zu Wasserfällen, erklimmt die Aussichtsplattform und verteilt ordentlich Wasser durch die Kippeimer und Wasserspritzdüsen. Hier bleibt keiner trocken!

Noch wilder ist es dann im Rutschenparadies. Traut ihr euch durch die dunklen Röhren des Black Hole? Oder flitzt ihr lieber zu zweit in einem Reifen den Crazy River hinab? Lasst euch dann durch den roten Riesen mit seiner kurvenreichen Strecke zurück ins Wasserreich bringen.

Übrigens ist auch für kleine Kinder bestens gesorgt. Im Kinder-Abenteuerland haben sie in einem wohlig warmen 35°-Becken zwischen Krokodil und Schildkröte viel Spaß.

ANTENNE BAYERN TIPP

Gut 40 Kilometer trennen den Wildpark Hundshaupten in Egloffstein vom Erlebnisbad. Trotzdem lässt sich beides super kombinieren. Zuerst Tiere und Natur erleben und anschließend baden bis zum Umfallen!

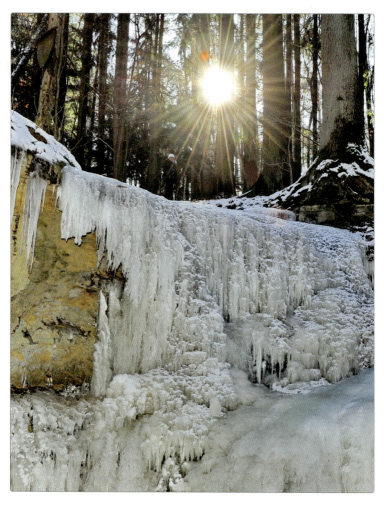

Freut euch auf eine märchenhafte Eiswelt
in der Hüttenbachschlucht!

Anfahrt **Öffentlich:** Mit der Bahn nach Nürnberg, weiter mit der S-Bahn, Haltestelle »Lauf-West«, dann weiter mit dem Bus.
Auto: Von der A 9, Ausfahrt Lauf, weiter nach Haimendorf.

Informationen Nürnberger Land Tourismus, Waldluststr. 1, 91207 Lauf an der Pegnitz, Tel. 09123/950 60 62, www.nuernberger-land.de.

Faszinierend: Ein klingender Wasserfall

Ein winterlicher Familienausflug am Fuße des Moritzbergs führt euch zu einem staunenswerten Naturwunder im Nürnberger Land. Wenn der Wasserfall des Hüttenbaches zu langen Eiszapfen gefriert, erlebt ihr im wahrsten Sinne des Wortes das »klingende« Wunder.

Für diesen Familienausflug wartet ihr, bis der Winter in Mittelfranken Einzug gehalten hat. Dann ist die beste Jahreszeit für die kurze Wanderung zum »Klingenden Wasserfall«. Eure Tour startet ihr im kleinen Ort Haimendorf, südlich von Lauf. Dort liegt in der Ortsmitte der Spielplatz »Klingender Wasserfall«, zu dem ihr später zurückkommen könnt. In nördlicher Richtung wandert ihr am Campingplatz vorbei, hinaus über die Felder in den Wald. Der »Klingenden Wasserfall« ist gut ausgeschildert. Nach kurzer Zeit erreicht ihr schon den Hüttenbach. Aber Achtung: Der Abstieg kann eisig und rutschig sein, also nehmt am besten Stöcke mit!

Dann ist es nicht weit und ihr steht vor dem musizierenden Eiskunstwerk. Der Hüttenbach fällt hier über eine Sandsteinstufe fünf Meter tief. Im Winter bildet sich aus dem Wasserfall ein dicker Vorhang aus Eiszapfen. Solange das Wasser dahinter noch fließt, erzeugt es mithilfe des Windes wundersame, zart klingende Töne. Ihr werdet ein wahres Eisorchester erleben!

Habt ihr Lust auf mehr? Dann wandert ein Stück weiter und besucht den Sprosselbrunnen. Dort entspringt eine Quelle aus dem Sandgestein. Oder steigt hinauf auf den Moritzberg mit seinem Aussichtsturm, der kleinen Kirche und dem urigen Gasthaus, einer guten Einkehrmöglichkeit.

Verbindet die Wanderung mit dem Besuch des Industriemuseums in Lauf an der Pegnitz. Hier dreht sich alles um Industriehandwerk und das Alltagsleben der Arbeiter. Ventile für Rennwagen und Schiffsmotoren sind hier hergestellt worden. Eine beeindruckende Fabrik aus früheren Zeiten.

www.industriemuseum-lauf.de

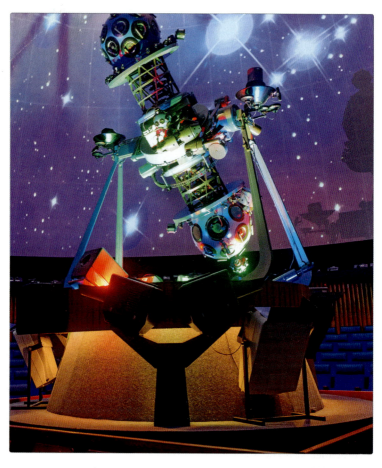

Im Planetarium von Nürnberg erobert ihr das unendliche Universum.

Anfahrt **Öffentlich:** Mit der Bahn bis Nürnberg, dann U-Bahn-Station »Am Plärrer« oder Tram 4 oder 6. **Auto:** Nach Nürnberg ins Stadtzentrum, »Am Plärrer« liegt südwestlich der Altstadt. Parken z. B. im Parkhaus »PS«, Zirkelschmiedsgasse.

Informationen Nicolaus-Copernicus-Planetarium, Am Plärrer 41, 90429 Nürnberg, Tel. 0911/929 65 53, www.naa.net.

Öffnungszeiten Meist Mi–So 15 Uhr und 16.30 Uhr, unter der Woche auch vormittags.

Preise Erwachsene ab 6 €, Kinder ab 3,50 € je nach Veranstaltung.

Das Universum erkunden im Copernicus-Planetarium

Das Planetarium in Nürnberg öffnet euch das Fenster zum Nachthimmel. Begebt euch auf eine Reise durch das Weltall! Fliegt an unserem und anderen Planeten vorbei über die Milchstraße bis in die dunklen Tiefen ferner Galaxien. Unser Universum birgt so unendlich viele Geheimnisse. Es ist an der Zeit, sie zu lüften …

Bestimmt kennt ihr die Sterne von einem klaren Nachthimmel her, aber kennt ihr auch die Sternbilder? Oder die Namen der Planeten? Und wo genau liegt die Milchstraße? Die Antworten auf all diese Fragen bekommt ihr im Nürnberger Copernicus-Planetarium. Dort erfahrt ihr mehr über die weit entfernte Welt der Himmelskörper. Ihr müsst aber nicht mitten in der Nacht aufstehen, um die Sterne zu sehen. Denn im Gegensatz zu einer Sternwarte wird in einem Planetarium das Universum künstlich unter einer großen Kuppel über euren Köpfen projiziert. Und das geht natürlich auch am Nachmittag. Hier ist das Nürnberger Planetarium wirklich sehr besonders: Die Projektionsfläche, eine Halbkugel, ist riesengroß. Der künstliche Nachthimmel hat einen Durchmesser von 18 Metern. Welch gewaltige Kulisse für eure Reise ins Weltall.

Fast täglich gibt es Vorführungen, an den Nachmittagen meistens für Familien mit Kindern. Wie wäre es mit »Abenteuer Planeten«, »Unsere erste Sternennacht« oder »Mit Professor Photon durchs Weltall«? Für jede Altersgruppe ist etwas Passendes dabei. Neben diesen unterhaltsamen und lehrreichen Astronomie-Veranstaltungen gibt es gerade für kleinere Kinder viele märchenhafte Programmpunkte: »Peterchens Mondfahrt«, »Der kleine Mondbär« oder »Plani und Wuschel retten die Sterne« sind bereits für Kinder ab vier Jahren geeignet. Für die meisten der Vorführungen müsst ihr eine knappe Stunde einplanen.

Das Planetarium wird gerne für Kinder-Events genutzt. So finden Filmvorführungen, Bastelnachmittage oder mehrteilige Kinder-Astronomiekurse statt. Reserviert die Tickets rechtzeitig, sie sind sehr begehrt! Wer weiß, vielleicht ist dies der Anfang einer Laufbahn als Astronaut?

Das Theater Mummpitz zählt zu den ältesten Kindertheatern Deutschlands.

Anfahrt **Öffentlich:** S 1 bzw. U 2 und U 3, jeweils Haltestelle »Rothenburger Straße«. Die Eintrittstickets gelten als Fahrschein im ganzen VGN-Großraum von Nürnberg. **Auto:** Von der A 9 oder A 3 auf die A 73, auf Südwesttangente wechseln, Ausfahrt Großreuth, auf der Rothenburger Straße stadteinwärts; am Theater sind nur wenige Parkplätze vorhanden.

Informationen Theater Mummpitz im Kachelbau, Michael-Ende-Str. 17, 90439 Nürnberg, Tel. 0911/60 00 50, www.theater-mummpitz.de.

Öffnungszeiten Aktueller Spielplan siehe Homepage des Theaters. Mo–Do meist Vormittagsvorstellungen, an den Wochenenden Nachmittagsvorstellungen.

Preise Kinder 6,50 €, Jugendliche ab 14 Jahren/Studenten 8,50 €, Erwachsene 10,50 €.

Altersbeschränkung Kein Einlass unter dem je nach Stück angegebenen Mindestalter!

Beliebte Geschichten im Kindertheater Mummpitz

Der bekannte Kinderbuchautor Otfried Preußler sagte einmal: »Der Mensch braucht Geschichten wie das tägliche Brot.« Deshalb macht euch auf, um mit der ganzen Familie neue Geschichten zu entdecken und zu erleben. Lasst euch entführen in die zauberhafte und fantasievolle Welt des Theaters Mummpitz im Kachelbau in Nürnberg.

Schon die Titel der Stücke, wie »Gloria von Jaxtberg«, »Die Prinzessin vom Pfandlhof«, »Lazarillo«, »Die Duftsammlerin«, »Der Golem«, »Ausgebüxt« oder »Die Sache mit dem Glück« erzählen von neuen, ungeahnten Welten und machen neugierig auf mehr.

Jedes Jahr verlassen an die 25 000 Kinder, Jugendliche und Erwachsene glücklich die Vorstellungen des Mummpitz-Theaters. Sie nehmen viele wunderbare, kleine und große Geschichten mit nach Hause. Ein Dutzend verschiedene Stücke stehen in einer Saison auf dem Spielplan und jedes Jahr kommen ein paar neue hinzu.

Oftmals geht es um Freundschaft, Liebe, Familie oder Abenteuer. Manchmal werden Themen wie Konflikt, Streit oder Tod aufgegriffen. Aber auch bekannte Märchenklassiker wie z. B. »Schneewittchen« werden neu und zeitgemäß und vielleicht auch ein bisschen gruselig interpretiert.

Das Theater Mummpitz wurde 1980 von StudentInnen und SchülerInnen gegründet. Alle Organisatoren und Schauspieler des Mummpitz sind immer noch mit voller Leidenschaft dabei. Zahlreiche Auszeichnungen würdigen dieses Engagement.

Ein Renner ist zu Weihnachten immer die Geschichte vom »Ox und Esel«. Beeilt euch und reserviert frühzeitig Tickets, denn die Vorstellungen sind schnell ausverkauft.

ANTENNE BAYERN TIPP

Kombiniert den Besuch des Mummpitz-Theaters mit dem Kindermuseum in Nürnberg. Beide sind im Kachelbau untergebracht. Im Kindermuseum locken die Dauerausstellungen »Alltag der Urgroßeltern« sowie »Schatzkammer Erde« mit ihren vielen Mitmach-Stationen. Es gibt vergünstigte Kombitickets.

31 Der verblüffende Turm der Sinne in Nürnberg

Staunen, sehen, wahrnehmen, begreifen – in der packenden und einladenden Welt des Turms der Sinne. In diesem außergewöhnlichen Nürnberger Museum werden eure Sinne ganz schön durcheinandergewirbelt. Lasst euch überraschen, wie leicht man sich täuschen kann …

Über sechs Stockwerke erstreckt sich das interaktive Museum im Mohrenturm an der Nürnberger Stadtmauer. Hier dreht sich alles um die menschlichen Sinne und naturwissenschaftliche Phänomene.

Probiert einfach alle Experimente in dem 120 Quadratmeter großen Museum aus. Die Effekte sind faszinierend! Lasst euch von den verblüffenden optischen Illusionen durcheinanderbringen. Im sogenannten Ames-Raum seht ihr euch gleichzeitig als Riesen sowie als kleine Menschen. Oder ihr unterscheidet verschiedene Gerüche und versucht, sie zu benennen. Das ist schon ziemlich schwierig. Selbst eure Zungen kommen bei einer Geschmacksprobe ganz schön ins Zweifeln. Prüft euer Sehvermögen in puncto räumliche Wahrnehmung. Und versucht dabei, mit nur einem Auge einen Faden durch das Nadelöhr zu ziehen. Na?

Auch die Gleichgewichtswand fordert euch heraus. Schafft ihr es, auf einem Bein stehen zu bleiben? Genauso schwierig ist es, einen Ball in einen Korb zu werfen – vor allem, wenn durch eine Brille die Treffsicherheit zwischendurch verlernt wird.

Anfahrt **Öffentlich:** Straßenbahnlinie 4 oder 6 bzw. Bus bis Haltestelle »Obere Turmstraße« oder mit der U 1/U 11 bis Haltestelle »Weißer Turm«. **Auto:** Von der A 9 oder A 3 auf die A 73, auf Südwesttangente wechseln, dann auf dem Frankenschnellweg in die Stadtmitte. Parken im Parkhaus Erlerklinik oder Parkhaus Adlerstraße.

Informationen Turm der Sinne, Splittertorgraben 45, 90429 Nürnberg, Tel. 0911/944 32 81, www.turmdersinne.de.

Öffnungszeiten Di–Fr 13–17 Uhr, Wochenende/feiertags/Schulferien 11–17 Uhr.

Preise Erwachsene 6 €, Kinder 4,50 €.

Mega-Spaß im Megaplay: Indoor spielen total

Megaspaß, megawild, megatoll! All das ist der große Indoor-Spielplatz Megaplay in Schwanstetten. Kinder lieben es immer, in Bewegung zu sein. Gerade wenn das Wetter einmal nicht so mitspielt, toben die Kids sich dort aus, während sich die Erwachsenen im Bistro erholen oder sogar mitmachen. Ihr werdet sehen, wie viel Spaß das bringt!

Nach einem Besuch im Megaplay erzählen Kinder begeistert: »Der Spielplatz ist megacool!« »Das Riesentrampolin ist megaspitze!« Und: »Die Kletterburg ist megatoll!« Kein Wunder – der überdachte Indoor-Spielplatz ist optimal zum Auspowern, Bewegen und Spaß haben.

Das Erfolgsrezept? Die Halle ist groß genug, um Kinder stundenlang zu beschäftigen, aber dennoch so überschaubar, dass die Eltern, gemütlich im Bistro sitzend und Kaffee trinkend, die Kinder nicht aus den Augen verlieren. Das Tüpfelchen auf dem i: Eltern können überall aktiv mitmachen – wenn sie wollen. Probiert doch einmal eine gemeinsame Fahrt in dem großen Dreirad oder liefert euch gleich ein flottes Rennen. Steigt durch das Mega-Klettergerüst mit seinem Spinnenturm oder versucht euch am bodennahen Bambus-Klettergarten. Es gibt die unheimliche Dunkelkammer und eine riesige Trampolin-Anlage mit acht Sprungtüchern. Dort geht euch hoffentlich nicht die Puste aus!

Anfahrt **Öffentlich:** Mit der Bahn nach Nürnberg, weiter mit der U-Bahn, Haltestelle »Frankenstraße«, weiter mit dem Bus. **Auto:** Von der A 9, Ausfahrt Allersberg, Richtung Roth, weiter über Schnellstraße Nürnberg, Ausfahrt Schwanstetten; oder Anfahrt über die A 6, weiter auf der B 2 Richtung Roth, Ausfahrt Schwanstetten.

Informationen Megaplay Kinderspielparadies, In der Alting 1, 90596 Schwanstetten, Tel. 09170/94 62 93, www.megaplay.info.

Öffnungszeiten Mo–Do 14–18.30, Fr 14–20 Uhr, Wochenende/feiertags/Ferien 11–18.30 Uhr.

Preise Erwachsene 4 €, Kinder ab 2 Jahren 7 €.

Die bunte Playmobil Abentenerwelt will bespielt werden.

Anfahrt Öffentlich: S-Bahn S 4 ab Nürnberg bis Haltestelle »Anwanden«, weiter mit Bussen zum Playmobilpark. **Auto:** Von der A 9 oder der A 3 auf die A 73, Ausfahrt Zirndorf, weiter der Beschilderung zum Park folgen.

Informationen Playmobil FunPark, Brandstätterstr. 2–10, 90513 Zirndorf, Tel. 0911/96 66 14 55, www.playmobil-funpark.de.

Öffnungszeiten Anfang April bis Anfang Nov. tgl. 9–18 Uhr, im Sommer auch länger; im Winter ist der Outdoor-Bereich geschlossen, Innenspielbereich und Klettergarten 10–18 Uhr.

Preise 11 € Tagesticket ab 3 Jahren in der Hochsaison, vergünstigte Tickets am Nachmittag und in der Nebensaison.

Altersbeschränkung Kinder unter 12 Jahren nur in Begleitung eines Erwachsenen.

Fun im Playmobilpark in Zirndorf

Ganz leibhaftig taucht ihr hier ein in die vielfältige und ideenreiche Playmobil-Welt. Ihr seid Ritter, Burgfräulein, Piraten, trefft Dinos und kämpft gegen Drachen, helft mit auf dem Bauernhof und vieles mehr. Und das Schönste: Alles ist hier nicht mini, sondern lebensgroß – im Playmobil-Funpark in Zirndorf bei Nürnberg erfüllen sich eben Träume.

Der Playmobilpark ist ein einziger riesengroßer Spielplatz. Um alles zu sehen, braucht ihr mindestens einen Tag. Unter dem Motto »Spielen, Bewegen, Erleben« könnt ihr ein Piratenschiff kapern, die große Ritterburg erobern, die Dinosaurierwelt erforschen, im Wilden Westen Gold schürfen, auf dem Bauernhof Kühe melken, Pferde striegeln, durchs Baumhaus klettern, die Baustelle umbaggern und vieles, vieles mehr.

Im ganzen Gelände findet ihr riesig große Playmobilfiguren aus den bekannten Playmobilwelten. Dazwischen liegen Spiel- und Kletterangebote, wobei vor allem die Wasserspielplätze und die Sand- und Matschzonen heiß begehrt sind. Nehmt deshalb genügend Wechselkleidung mit, denn bei so fabelhaften Angeboten bleibt niemand lange trocken.

Sollte das Wetter einmal nicht mitspielen, schafft das 5000 Quadratmeter große, überdachte HOB-Center Abhilfe. Hier könnt ihr euch im Indoor-Klettergarten mit Lichterlabyrinth austoben oder das Märchenschloss und das Wikingerdrachenschiff besuchen. Natürlich ist ein Spielebereich mit kleinen Playmobilfiguren vorhanden. Und gegen Hunger und Durst gibt's einen gemütlichen Biergarten und mehrere Imbissstände.

Schaut doch zum Abschluss in den Fun-Park-Shop. Wirklich praktisch ist das Ersatzteillager, wo sich verloren gegangene Teile erstehen lassen.

ANTENNE BAYERN TIPP

Ihr kriegt nicht genug von den Playmobil-Spielewelten? Dann nistet euch nebenan im Playmobil-Aparthotel ein. Die Familienzimmer sind ganz im Playmobil-Look eingerichtet. Es gibt spezielle Kombiangebote, die Übernachtung und Parkeintritt beinhalten.

Der Abenteuerspielplatz des Erlebnisbauernhofs Auhof

Anfahrt **Öffentlich:** Mit der Bahn bis Hilpoltstein, dann weiter mit dem Bus. **Auto:** Von der A 9, Ausfahrt Hilpoltstein, weiter nach Hilpoltstein auf der St 2238, am Ortseingang rechts halten.

Informationen Erlebnisbauernhof Auhof, Zum Bauernhof 3, 91161 Hilpoltstein, Tel. 09174/992 63, www.auhof-werkstaetten.de.

Öffnungszeiten Biergarten nur ab Ostern bis Anfang Okt. Di–Sa 15–20 Uhr, Sonntag/feiertags/Ferien 12–20 Uhr.

Tolle Stunden auf dem Auhof

Freut euch auf den Erlebnisbauernhof Auhof in Hilpoltstein. Bei den vielen Tieren, im Bauerngarten, Biergarten oder am kurzweiligen Spielplatz könnt ihr unvergessliche Stunden verbringen. Der Erlebnisbauernhof gehört zu den Rummelsberger Werkstätten und wird von Menschen mit Behinderung betrieben.

Eingebettet in Wiesen und Felder liegt der Erlebnisbauernhof Auhof am Rande von Hilpoltstein an den Ufern des Rhein-Main-Donau-Kanals. Hier leben und arbeiten vorwiegend Menschen mit Behinderung. Beim Besuch dieses außergewöhnlichen Bauernhofs lernt ihr natürlich viele Tiere kennen: Esel, Ponys, Haflinger, Kamerun- und Merinoschafe, Ziegen, Hasen, Katzen und Hunde neben vielem Federvieh wie Hühner, Puten, Gänse, Enten und Tauben. Ihr dürft in alle Ställe schauen, mithelfen beim Füttern und die Tiere natürlich streicheln. Danach erkundet ihr den wunderschönen Bauerngarten, das Tipi und die Streuobstwiesen. Wer will, kann auf Voranmeldung auch Ponyreiten.

Das Highlight ist der herrliche Biergarten mit dem tollen Kinderspielplatz. Stärkt euch doch zunächst mit echt fränkischen Bratwürsten, Kraut und selbst gebackenem Holzofenbrot. Einige der angebotenen Produkte kann man im dazugehörigen Hofladen auch kaufen. Für die Großen gibt's fränkische Bierspezialitäten dazu, für Kids Limo oder Saft. Aber sicherlich wollt ihr nicht lang stillsitzen und gleich noch den fantasievoll gestalteten Spielplatz erobern. Klettergerüste, Tellerschaukeln, Rutschen, ein Baumhaus oder Balancierbalken warten dort. Zum Glück liegt der Abenteuerplatz in Sichtweite der Eltern – so kann jeder das Seine genießen.

Ebenfalls einen Besuch wert und ein Ort, wo Integration wirklich gelebt wird, ist der Waldseilpark Rummelsberg in Schwarzenbruck im Nürnberger Land. In diesem Hochseilgarten können auch Rollstuhlfahrer auf einem speziellen Parcours »klettern«. Klingt unglaublich, aber es funktioniert!

Einen actionreichen Tag verbringt ihr an der Pflugsmühle.

Anfahrt **Öffentlich:** Mit der Bahn bis Georgensgmünd, weiter mit dem Taxi. **Auto:** Von der A 6, Ausfahrt Lichtenau, auf die St 2223, oder Ausfahrt Schwabach-West, weiter auf der B 466 nach Wassermungenau, von dort zur Pflugsmühle. Vom Süden kommend über die B 13 oder B 466 nach Wassermungenau.

Informationen Pflugsmühle Country Life, Pflugsmühle 1 A, 91183 Abenberg, Tel. 09873/229, www.pflugsmuehle.com.

Öffnungszeiten Nur bei trockener Witterung! Buggy Racer ab Pfingstferien bis Ende Sommerferien tgl. 10–18 Uhr, sonst nur Sa/So; Okt. bis März geschlossen.

Preise Erwachsene 8 €, Kinder 7 €.

Altersbeschränkung Buggy Racer ab 6 Jahren.

Einmal Rennfahrer sein mit den Buggy Racern

Gas geben – beschleunigen – bremsen: Hier fühlt ihr euch wie ein echter Rallye-Fahrer! Dreht selbstständig und ganz allein eure Runden in einem Rennauto. Mit den Buggy Racern der Pflugsmühle habt ihr Fahrspaß und Geschwindigkeitserlebnis auf einer richtigen Rennpiste. Steigt ein und fahrt los!

Auf dem Pflugsmühler Ring schlagen Rennfahrerherzen höher. Ihr seid ausgestattet mit Schutzhelm, Sicherheitsgurt und Überrollbügel und bekommt eine exakte Einweisung, wie ihr richtig bremst und Gas gebt. Dann erst dürft ihr euch auf die Rennstrecke wagen. Die Buggy Racer haben einen 4 PS starken Motor und schaffen locker um die 25 km/h.

Vor euch liegt ein fast 350 Meter langer Rundkurs. Sehr abwechslungsreich mit langen Geraden, trickreichen Kurven, Bumps und Jumps und zwei Überholspuren. Der sandige Untergrund bietet guten Grip. Eine Boxengasse samt Fahrerlager und Zuschauerrängen, von denen der ganze Parcours einsehbar ist, verbreiten richtige Rennatmosphäre. Die Fahrt dauert zehn Minuten. Wie viele Runden schafft ihr?

An der Pflugsmühle gibt es aber noch mehr zu unternehmen. Ihr könnt zwischen zwei Golfplätzen wählen: entweder dem Minigolfplatz mit seinem Kunstrasen oder dem 9- und 18-Loch-Swin-Golf-Areal. Hier spielen Familien mit Kindern ab zehn Jahren. Der Clou: Für diesen Swin-Golfplatz, eine »abgespeckte« Variante des Golfs, braucht keiner eine Platzreife. Gespielt wird mit einem einzigen Schläger.

Pferdenarren können am Ponyreiten teilnehmen. Auf Nils, dem Mini-Shetty, dürfen sogar schon Dreijährige sitzen. Das bringt Spaß! Am Wochenende (während der Ferien täglich) ist das ab 14 Uhr möglich, sonst nur nach Voranmeldung.

ANTENNE BAYERN TIPP

Ihr verbringt gern noch mehr Zeit in der Brombachsee-Region? Übernachtungsmöglichkeit in einer Burg bietet die nahe Jugendherberge Burg Wernfels.

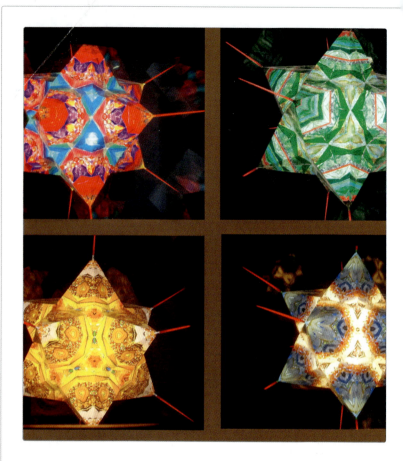

Die optischen Illusionen werden euch verwirren!

Anfahrt **Öffentlich:** Mit der Bahn nach Crailsheim oder Ansbach, weiter mit dem Bus. **Auto:** Über die A 7, Ausfahrt Dinkelsbühl/Fichtenau, oder über die B 25 nach Dinkelsbühl; das Museum befindet sich an der südöstlichen Stadtmauer (Parkplatz P 2).

Informationen   Museum 3. Dimension, Nördlinger Tor, 91550 Dinkelsbühl, Tel. 09851/63 36, www.3d-museum.de.

Öffnungszeiten   April bis Anfang Nov. tgl. 11–17 Uhr (im Hochsommer auch länger), Dez. bis März am Wochenende 11–17 Uhr, in den Weihnachtsferien tgl.

Preise   Erwachsene 10 €, Kinder bis 12 Jahre 6 €.

Lasst euch verwirren im 3-D-Museum in Dinkelsbühl

Nichts ist, wie es scheint – und doch lässt sich vieles scheinbar Unerklärliche erklären. Im Museum 3. Dimension in der Altstadt von Dinkelsbühl steht die Bilderwelt völlig auf dem Kopf. 3-D-Bilder und optische Phänomene sorgen für eindrucksvolle und amüsante Irrungen und Wirrungen.

Das Museum 3. Dimension ist in der großen Stadtmühle neben dem Nördlinger Tor untergebracht. Hier traut ihr euren Augen nicht. Es ist nicht immer wahr, was ihr meint zu sehen. Deswegen solltet ihr ganz genau hinschauen!

Auf vier Etagen erfahrt ihr alles über 3-D-Techniken und optische Illusionen. Es gibt viele 3-D-Bilder, die mit unterschiedlichsten Techniken erstellt wurden. Von der Stereofotografie, die schon über 150 Jahre alt ist, über 3-D-Anaglyphen, die nur mit einer Rot-Grün-Brille richtig zu erkennen sind. Spielerisch und unkompliziert werden Verfahren und Techniken gezeigt. Lasst euch von Hologrammen und Magic-Eye-Bildern in Erstaunen versetzen. Setzt die Brillen auf und probiert alles aus – mitmachen ist erwünscht!

Fixiert die Vexierbilder. Eltern und Kinder sehen darin meist etwas sehr Unterschiedliches. Entschlüsselt die Anamorphosen. Diese verrückten Bilder lassen sich nur durch einen Spiegel entzerren. Oder versucht, die perspektivisch unmöglichen Bilder zu entwirren. Was auf den ersten Blick »normal« erscheint, entpuppt sich als völlig surreal. Ihr geht mit einer neuen Sichtweise aus diesem unglaublichen Museum. Seid gespannt!

ANTENNE BAYERN TIPP

Dinkelsbühl ist ein einziges Bilderbuch-Städtchen. Erkundet die alte Stadtmauer mit den Türmen und Wassergräben. Im Museum »Haus der Geschichte« gibt es zum Beispiel ein Kinderquiz und viel Gruseliges zum Thema Hexenverbrennung. Ein schönes Fest für Jung und Alt findet jährlich im Juli statt. Beim Historienspiel der Dinkelsbühler Kinderzeche spielen Kinder die Belagerung der Stadt durch schwedische Truppen im Jahre 1632 nach.

Bis ins kleinste Detail ist das Miniaturland Treuchtlingen gestaltet.

Anfahrt **Öffentlich:** Mit der Bahn bis Treuchtlingen, von dort wenige Minuten zu Fuß. **Auto:** Über die A7, Ausfahrt Rothenburg, ins Stadtzentrum, am besten außerhalb der Stadtmauer parken.

Naumburg-Str. 35, 91757 Treuchtlingen, Tel. 0170/474 18 40, www.miniaturland-treuchtlingen.de.

Öffnungszeiten   Di–So 13–18 Uhr.

Informationen   Miniaturland, Elkan-

Preise   Erwachsene 5 €, Kinder 3 €.

Faszination Eisenbahn im Miniaturland Treuchtlingen

Jeder von uns liebt sie: Modelleisenbahnen! Selbst diejenigen unter euch, die keine Experten sind, werden der Faszination des Eisenbahner-Miniaturlands in Treuchtlingen erliegen. Hier gibt es so viel zu ergründen, dass die Zeit wie im Flug verrinnt. Passt gut auf, damit euch nichts entgeht.

Auf einer Fläche von 250 Quadratmetern erkundet ihr im Miniaturland Treuchtlingen eine wunderbare Fantasiewelt rund um die Eisenbahn. Alles ist mit viel Liebe zum Detail gemacht. Die technisch Interessierten unter euch erfahren, dass die komplette Eisenbahnwelt im Maßstab 1:87 errichtet wurde. Um die Fakten zu vervollständigen: Insgesamt wurden 1970 Meter Gleise verlegt und 218 Zuggarnituren stehen ständig fahrbereit im Einsatz. Allerdings ziehen »nur« zehn bis 18 Züge gleichzeitig ihre Kreise. Sie stammen aus allen Epochen der Eisenbahngeschichte. Von der Dampflok über den Transeuropa- Express, vom Gläsernen Zug bis zum ICE – die Vielfalt ist überwältigend. Immer wieder verschwindet ein Zug in einem Tunnel und schon taucht ein neuer auf. Mehr als 10 000 Modellfiguren sind in der Anlage in Szene gesetzt und zwei Dutzend Autos fahren wie von Geisterhand bewegt umher.

Drückt doch einmal die Aktionsknöpfe. Nur so erlebt ihr einen Gefängnisausbruch, Baumfällarbeiten oder einen Hausbrand. Ihr bewegt die Seilbahn, wascht einen Zug oder löst Rangiervorgänge aus. Doch es gibt noch mehr zu sehen: Auf einem Rummelplatz drehen sich zehn Fahrgeschäfte und zahlreiche Lichter blinken auf.

In der erfundenen Landschaft bemerkt ihr auch immer wieder Gebäude und Bauwerke, die ihr vielleicht kennt. Entdeckt ihr das Dürkheimer Riesenfass oder die Bamberger Feuerwache? Findet ihr den Steinbruch oder den Bahnhof von Friedrichstadt?

Falls ihr jetzt noch Lust habt, eine große Lokomotive im Original zu sehen, dann schaut euch doch die Museumsdampflok 01 220 in der Nähe der Altmühl am Kurpark in Treuchtlingen an.

Herrlich grüne Natur säumen die Ufer der Altmühl.

Anfahrt **Öffentlich:** Mit der Bahn nach Solnhofen im Altmühltal. **Auto:** Auf der A 9, Ausfahrt Ingolstadt, weiter über die B 13 nach Eichstätt, dann an der Altmühl entlang; oder über die B 2 nach Pappenheim, dann am Fluss entlang bis Solnhofen.

Informationen San-Aktiv-Tours, Otto-Dietrich-Str. 3, 91710 Gunzenhausen, Tel. 09831/49 36, www.san-aktiv-tours.de.

Öffnungszeiten Je nach Wasserstand und Witterung ab Anfang Mai tgl. Abfahrt 13 Uhr, Rücktransport ca. 16.30 Uhr.

Preise Familie mit max. 2 Kindern bis 12 Jahre: 60 €.

Auszeit beim Kanu-Trip auf der Altmühl

Action auf dem Wasser: Das verbindet Naturerlebnis und Freiheitsgefühl, Sport und Erholung. In Solnhofen an der Altmühl leiht ihr euch einen Familien-Kanadier aus und paddelt mit diesem Kanu den Fluss abwärts bis nach Dollnstein.

Wenn ihr noch nie zuvor in einem Kanu gepaddelt seid, ist die Altmühl der perfekte Platz für euren ersten Versuch. Es gibt keine Stromschnellen oder größeren Schwierigkeiten in dem ruhigen Fluss. Bei San-Aktiv-Tours könnt ihr euch unkompliziert und nach Voranmeldung z. B. einen Vierer-Kanadier mieten. In Solnhofen steht das Boot dann am Flussufer zur Abfahrt für euch bereit. Ihr müsst nur noch einsteigen und es kann sofort losgehen. Die nötige Ausrüstung, wie Schwimmwesten oder wasserfeste Transporttonnen, wird gestellt. Nur Sonnencreme und Brotzeit bringt ihr selbst mit. Der große Vorteil bei San-Aktiv-Tours ist der perfekt organisierte Transportservice, denn ein Bus bringt euch später zurück nach Solnhofen.

Bevor ihr mit dem Kanu losfahrt, gibt es natürlich eine kurze Einweisung. Ihr werdet sehen, dass ihr den Dreh schnell raushabt – auch wenn die Kanus ein bisschen kippelig sind. Aber sonst wäre es ja kein richtiges Abenteuer! Die Strecke führt zwölf Kilometer zwischen Dollnstein und Solnhofen an einigen Naturwundern des Altmühltals vorbei. Außerdem passiert ihr unterwegs drei kleine Wehre, zwei davon garniert mit viel Action. Die Mutigen unter euch manövrieren das Kanu in die Strömung und sausen dann die Bootsrutsche hinunter. Natürlich verbunden mit dem Spaß, eventuell einmal baden zu gehen. Mit kleineren Kindern umgeht ihr diese Stellen und steigt vorher aus. Ihr tragt den Kanadier auf die andere Wehrseite und paddelt dann weiter.

Diese Wehre sind übrigens der beste Platz für ein Picknick am Flussufer. Denkt aber daran, dass euer Bus für den Rücktransport in Dollnstein schon bereitsteht. Also taucht links, rechts die Paddel ein und genießt euren Aufenthalt auf dem Wasser!

Ganz sauber bleibt heute bei der Fossilienjagd wohl keiner.

Anfahrt

Öffentlich: Mit der Bahn nach Solnhofen im Altmühltal, weiter nur mit dem Taxi. **Auto:** Auf der A 9, Ausfahrt Ingolstadt, weiter über die B 13 nach Eichstätt, dann an der Altmühl entlang Richtung Solnhofen. Bei Altendorf abbiegen über Mörnsheim nach Mühlheim. Der Steinbruch liegt südlich des Ortes. Oder über die B 2 nach Mohnheim und weiter Richtung Mühlheim.

Informationen

Besuchersteinbruch Mühlheim, Tagmersheimer Str., 91804 Mörnsheim bei Mühlheim; Tel. 0160/91 42 91 82 oder 09145/83 90 42, www.besuchersteinbruch.de.

Öffnungszeiten

Ab Beginn der Osterferien bis Anfang Nov. tgl. 10–16 Uhr.

Preise

Erwachsene 7 €, Kinder 4 €; Hammer und Meißel je 50 Ct.

Die Jagd nach Fossilien bei Solnhofen

Dinosaurierspuren jagen! Ja, das geht auch heute. Im Steinbruch Mühlheim bei Solnhofen im Altmühltal. Denn dort sind, im Stein eingeschlossen, Schätze aus den Tiefen der Erdgeschichte verborgen. Was vor Millionen Jahren, zur Zeit des sogenannten Oberjura, hier bei uns gelebt und geblüht hat, wartet darauf, von euch freigelegt zu werden!

Habt ihr schon einmal vom Urvogel Archaeopteryx gehört? Das ist der geheimnisumwobene Flugsaurier, von dessen Existenz weltweit gerade einmal zehn Exemplare zeugen. Und alle zehn wurden in der Fränkischen Alb, in den Solnhofener Plattenkalken entdeckt. Der fliegende Archaeopteryx gilt als Übergangsform zwischen den Dinosauriern und den Vögeln. Das Einzigartige am Archaeopteryx waren seine federartigen Schwingflügel. Er war nur taubengroß und die Wissenschaftler nennen ihn den ersten Vogel. Jetzt stellt euch vor, welch unsagbaren Schätze noch in der Erde rund um Solnhofen schlummern!

Im Besuchersteinbruch Mühlheim bei Mörnsheim entdeckt ihr ganz bestimmt euer eigenes Fossil. Die dortigen Mörnsheimer Schichten sind äußerst fossilienreich. Sucht doch nach Ammoniten, Meeresschwämmen, Seeigeln, Krebslein oder kleinen Fischen. Manchmal findet ihr aber auch Pflanzen und Dinosaurierzähne! Es muss ja nicht immer gleich ein Archaeopteryx sein. Besucht auch den angeschlossenen Steinbruchlehrpfad. Dort erfahrt ihr etwas über die Industriegeschichte und Abbautechniken im Steinbruch. Zudem bekommt ihr prima Tipps und Tricks für eure Fossiliensuche.

Gegen Hunger und Durst gibt es einen Kiosk, an dem ihr euch auch Hammer und Meißel ausleihen könnt. Ein wichtiger Tipp: Sonnenschutz nicht vergessen!

ANTENNE BAYERN TIPP

Schaut auch im Bürgermeister-Müller-Museum in Solnhofen vorbei. Hier findet ihr Seekatzen, Schnabelfische, das einzigartige Raubsaurier-Jungtier, den »Eichhörnchen-Nachahmer« und nicht zuletzt zwei der originalen Archaeopteryxe.

Authentisches Arbeiten — ganz so wie vor über 1000 Jahren

Anfahrt **Öffentlich:** Mit der Bahn bis Wiesau, weiter mit dem Bus. **Auto:** Über die A 93, Ausfahrt Neustadt/Bärnau, über Plössberg nach Bärnau.

Informationen Geschichtspark Bärnau-Tachov, Naaber Str. 5 b, 95671 Bärnau, Tel. 09635/924 99 75, www.geschichtspark.de.

Öffnungszeiten Mitte März bis Anfang Nov. Di–So 10–18 Uhr.

Preise Erwachsene 5 €, Kinder 3,50 €.

Spielen, kämpfen, kochen – Leben im Mittelalter

Wie war denn eigentlich das Leben im Mittelalter … wenn man kein Ritter, Burgfräulein oder gar Graf war? Wie lebte die einfache Bevölkerung? Der Bauer, Handwerker oder ein Tagelöhner? Findet es im anschaulichen Freilichtmuseum Bärnau-Tachov heraus.

Es ist keineswegs nur eine Fantasiewelt! Das beliebte Freilandmuseum Bärnau zeigt ein typisch slawisches Dorf, wie es wohl vor über 1000 Jahren im Grenzland zu Böhmen viele gegeben hat. Leben wird diesem Museumsdorf vor allem am Wochenende eingehaucht. Dann vollführen Familien, Studenten und Vereine freiwillig einen Zeitsprung ins Mittelalter. Sie haben Patenschaften für die Häuser übernommen, bauen und arbeiten daran und leben darin. Wie früher wird auf dem offenen Feuer gekocht, Wolle gesponnen oder eingefärbt, Lehm gestampft und verarbeitet, Zäune werden geflochten oder Kleider geschneidert. Und selbst die Spiele der Kinder wie Ringe werfen oder Tonpferdchen töpfern sind historisch.

Alle Häuser, Stallungen, Zäune, Backstuben, sogar die Inneneinrichtungen wurden mit fachlicher Unterstützung eines Archäologen gebaut. Dabei wurde viel Wert auf eine möglichst authentische Rekonstruktion gelegt, und davon profitieren heute sogar Universitäten und Archäologen.

Übers Jahr verteilt gibt es jede Menge Aktionstage. Fischtage, Musik- und Tanztage, Sensentage, Handwerkertage oder die beliebten Schaubauwochenenden. Zum historischen Mittelaltermanöver werden Überfälle auf das Dorf inszeniert. Dann flüchtet sich die Bevölkerung in die Hügelburg, während Ritter kämpfen und ihr erlebt, wie es einst auf den Schlachtfeldern wirklich zuging.

ANTENNE BAYERN TIPP

Habt ihr Lust auf ein Bad? In Bärnau gibt es einen malerischen Moorweiher, der sich im Sommer schnell erwärmt. Vielleicht besucht ihr auch das Knopfmuseum im Ort – Bärnau war vor hundert Jahren ein herausragender Standort für die Knopfherstellung.

Im Vulkanerlebnismuseum Parkstein erfahrt ihr viel über unseren Planeten Erde.

Anfahrt **Öffentlich:** Mit der Bahn bis Weiden, dann weiter mit dem Bus nach Parkstein. **Auto:** Über die A 93 Ausfahrt Weiden-West, weiter auf der B 470 Richtung Grafenwöhr, dann nach Parkstein. Oder A 9, Ausfahrt Pegnitz/Grafenwöhr, weiter auf der B 470 Richtung Weiden, dann nach Parkstein.

Informationen Vulkanerlebnis Parkstein, Schlossgasse 5, 92711 Parkstein, Tel. 09602/616 39 10, www.vulkanerlebnis-parkstein.de.

Öffnungszeiten Von Anfang April bis Ende Okt. Di–So 10–17 Uhr, Nov. bis März Do–So 13–17 Uhr.

Preise Erwachsene 3,50 €, Kinder ab 6 Jahren 2 €.

Und stündlich explodiert ein Vulkan ...

Es raucht, qualmt, blitzt und dröhnt – ein fulminanter Vulkanausbruch! Ihr wundert euch, dass es bei uns in Bayern Vulkane geben soll? Dann besucht doch mal dieses einzigartige Museum und ergründet die faszinierende Welt des Vulkanismus am Hohen Parkstein.

24 Millionen Jahre alt ist der Basaltkegel von Parkstein bei Weiden. Er erhebt sich unübersehbar als felsiger Hügel über dem kleinen Ort Parkstein. Aber was ist ein Basaltkegel denn genau? Und was sind Basaltsäulen? Das alles und vieles mehr erfahrt ihr im außergewöhnlichen Vulkanerlebnismuseum, das sich im ehemaligen Landrichterschloss befindet.

Taucht ein – tief in die Vergangenheit von Parkstein und erforscht den Ursprung des geologischen Wunderwerks. Lernt Wissenswertes über uralte Zeiten, als der Parkstein noch von einer Burg bekrönt war. Und erschreckt nicht! Zu jeder Stunde explodiert, dank modernster Laser- und Lichtershow, der Vulkan von Parkstein mit viel Rauch und Qualm auf's Neue.

Nach dem Besuch der Vulkanwelt gibt es eigentlich nur eins für euch: hinauf auf den echten Parkstein! Seht euch aber vorher noch die bizarren Basaltwände mit den eckigen Steinsäulen an der Südostseite des Hügels an. Über den interessanten Geopfad erklimmt ihr dann schnell das vulkanische Naturwunder. Früher gab es auf dem »Gipfel« eine Burg, heute findet ihr nur noch ein paar Mauerreste davon. Aber ihr genießt eine wunderbare Aussicht auf das Umland von der kleinen Kapelle aus, die heute den Parkstein ziert.

ANTENNE BAYERN TIPP

Östlich von Parkstein bei Diepoltsreuth im Gemeindegebiet Floß gibt es ein weiteres bizarres Geotop, das ihr euch bei einer kurzen Wanderung ansehen könnt: den Doost von Floß. Das sind riesige runde, von Moos bewachsene Steine, die kreuz und quer auf einem Haufen liegen. Das geologische Wunderwerk wird auch Wollsackverwitterung genannt. Am besten wandert ihr vom Campingplatz Gollwitzerhof dorthin.

Shifahren — mit T-Shirt und kurzer Hose — das ist doch was!

Anfahrt **Öffentlich:** Mit der Bahn nach Amberg, weiter mit dem Bus. **Auto:** Über die A 6, Ausfahrt Amberg, oder über die A 93, Ausfahrt Wernberg, nach Hirschau.

Informationen Monte Kaolino, Wolfgang Drossbachstr., 92242 Hirschau, Tel. 09622/ 815 30, www.montekaolino.eu.

Öffnungszeiten Monte Kaolino: Ostern bis Herbstferien (nur bei trockener Witterung) 14–18 Uhr, am Wochenende/Ferien/feiertags ab 10 Uhr. Dünenbad nur im Sommer geöffnet.

Preise Liftpreise: Einzelfahrten Erwachsene 2,70 €, Kinder 1,80 € (auch Stunden- und Tagestickets); Monte Coaster: Kinder 2,70 €, Erwachsene 3,30 €; Dünenbad: Kinder ab 6 Jahren 2 €, Erwachsene 3,50 €.

Altersbeschränkung Kinder unter 3 Jahren dürfen nicht im Monte Coaster fahren.

Skifahren im Sommer – auf feinem Sand

42

Hat die Welt so etwas schon gesehen? Wintersportfans aufgepasst: eine Skipiste ganz ohne Schnee! Richtig, denn am Monte Kaolino habt ihr die Gelegenheit, mitten im Sommer die Piste aus feinem Sand mit Skiern oder Snowboard hinunterzudüsen und hinterher ins blaue Wasser des Dünenbads zu springen!

Und dafür braucht ihr nicht einmal die Winterausrüstung. Alles, was nötig ist, leiht ihr euch vor Ort. Nur Sonnencreme solltet ihr einpacken, denn die hellen Sandflächen reflektieren die Sonnenstrahlen doppelt stark.

Eigentlich ist der Hügel ein Abfallprodukt der nahen Amberger Kaolinwerke: Die schütteten den überschüssigen Quarzsand, der beim Abbau von Industriemineralien wie Kaolin, Feldspat und Quarzsand anfällt, zu einem riesigen weißen Berg auf. Heute wächst der Monte Kaolino nicht mehr. Für die bequeme Bezwingung der über 100 Meter hohen Düne wählt ihr das Lift-Schiffchen. Oben angekommen, genießt doch erst mal die grandiose Aussicht weit über die Abbaugebiete der Kaolinwerke und über das Freizeitgelände am Fuß des Hügels, bevor ihr eure ersten Schwünge auf Sand versucht. Ihr seid keine Skifahrer? Egal, dann düst ihr den Hang einfach per Sommerrodelbahn »Monte Coaster« hinunter. Die wilde Fahrt über die weiten Sandflächen macht garantiert Spaß.

Ihr könnt den Monte Kaolino auch zu Fuß erobern. Danach rutscht ihr auf einem Zipfelbob hinunter. Den leiht ihr euch aus. Unten geht's ab ins fantastische Dünen-Freibad mit Wasserrutschen, Erlebnisbecken und Liegewiesen. Einen Hochseilgarten mit kniffligen Elementen und einigen Flying Foxes findet ihr im Wald südlich vom Dünenbad. Oder sind euch eine Inlineskating-Strecke oder ein Abenteuerspielplatz lieber?

ANTENNE BAYERN TIPP

Östlich des Monte Kaolino liegt der große GeoPark Kaolinrevier Hirschau. Ihr wandert dort auf einem als Rundweg konzipierten Lehrpfad und erfahrt viel Wissenswertes über den Kaolin-Abbau.

43 Eine Halle voller Spaß im Wölpiland

Hüpfen, tollen, lärmen, springen, sausen und natürlich spielen bis zum Umfallen – das liebt ihr doch am meisten! In der Wölpi Spielfabrik, dem großen, modernen Indoor-Spielplatz von Neumarkt, können sich Kids nach Herzenslust auspowern.

Das Wölpiland hat sein Zuhause in einer Halle gefunden. So habt ihr viel Platz zum Spielen und Toben. Bringt euch Stopper-Socken mit, denn die Flächen dürfen nicht mit Straßenschuhen oder barfuß betreten werden.

Neben einem großzügigen Gastronomiebereich, in dem eure Eltern auf euch warten können, findet ihr in der Wölpi Spielfabrik alles, was ihr zum Auspowern braucht: Hüpft auf den Riesentrampolinen, kraxelt am Klettergerüst ganz nach oben, erobert den aufgeblasenen, wackeligen Safari-Hüpf-Hügel oder baut eine riesige Burg aus überdimensionierten Legosteinen. Startet ein Tischfußball-Match oder schnappt euch eines der Bobbycars oder Dreiräder und flitzt damit umher. Spielen und Bewegung ist hier im Wölpiland alles!

Wenn ihr lieber an der frischen Luft herumsaust, dann besucht doch das Landesgartenschau-Gelände in Neumarkt. Es erstreckt sich links und rechts des Ludwig-Donau-Main-Kanals. Dort findet ihr einen Kletterspielplatz, das Weidenlabyrinth, den Monsterspielplatz, einen Minigolfplatz, den Aussichtsturm und den Garten des Lebens.

Anfahrt **Öffentlich:** Mit der Bahn nach Neumarkt, weiter mit dem Bus. **Auto:** Über die A 3, Ausfahrt Neumarkt in der Oberpfalz oder Ausfahrt Neumarkt-Ost.

Informationen Wölpi Spielfabrik, Eggenstr. 17 a, 92318 Neumarkt, Tel. 09181/265 13 10, www.woelpiland.de.

Öffnungszeiten Mo–Fr 14–19 Uhr, Wochenende/feiertags/Ferien 10–19 Uhr; Krabbelfrühstück: Do 10–12 Uhr; Museum: im Sommer tgl. geöffnet, sonst Do–So 11–18 Uhr.

Preise Erwachsene 4,20 €, Kinder ab 3 Jahren 7,50 €.

Wasserspiele und verträumter Märchengarten

Haltet ihr euch gern am Wasser auf? Dann seid ihr hier in eurem Element! Am Murner See lockt euch der Erlebnispark »Wasser – Fisch – Natur« mit seinen Fischteichen und dem riesigen, vielseitigen Wasser-Abenteuerspielplatz. Und auf dem Weg dorthin liegt auch noch der nigelnagelneue Oberpfälzer Märchengarten.

Am Murner See verwandelte die Gemeinde Wackersdorf fünf ehemalige Schlammbecken in ein einzigartiges Naturidyll. Das erreicht ihr am besten bei einem kurzweiligen Spaziergang. Dafür geht ihr vom Parkplatz »Industriestraße« Richtung Campingplatz und biegt links auf den Murner Seerundweg. Schnell seid ihr so am kleinen Märchengarten.

Weiter über den Seeweg, erreicht ihr den Erlebnispark. Am besten beginnt ihr mit den hinteren Wasserbecken und den Fischteichen. Auf dem Naturlehrpfad lernt ihr alles über Fische und die Teichwirtschaft. Löst die Rätsel um den Karpfen und erforscht die Teichoberfläche durch die in den Stegen eingelassenen Bodenlupen.

An den letzten zwei Teichen dürft ihr auch nass werden. Testet die verrückten Wege über das Wasser, die Seilfähre oder die Dschungelbrücke. Daneben liegt der riesige Abenteuerspielplatz mit Sand- und Matschzonen, Wasserpumpen, Schleusen, Bachläufen, Stegen und Klettergerüsten. Zur Erholung stehen Ruhebänke und ein Kiosk bereit.

Anfahrt Öffentlich: Mit der Bahn bis Weiden, weiter mit dem Bus nach Parkstein. Auto: Über die A 93, Ausfahrt Wackersdorf, durch Wackersdorf auf die Industriestraße, weiter Richtung Murner See, kurz vor dem Campingplatz liegt links der große Parkplatz, Industriestr. 1.

Informationen Wackersdorf Gemeinde, Marktplatz 1, 92442 Wackersdorf, Tel. 09431/ 743 60, www.wackersdorf.de.

Öffnungszeiten Erlebnisspielplatz: April–Okt. tgl. 8–18 Uhr; Fischteiche: tgl. 8–20 Uhr das ganze Jahr über.

Preise Kostenlos.

Pferde sind einfach großartig.

Anfahrt **Öffentlich:** Nächster Bahnhof ist Bodenwöhr-Nord, es fahren aber keine Busse. **Auto:** Über die A 93, Ausfahrt Wackersdorf, weiter auf der B 85 nach Bodenwöhr, nach dem Warbrucker Weiher rechts bis Poggersdorf.

Informationen Kollerhof, Poggersdorf 4, 92431 Neunburg vorm Wald, Tel. 09672/22 24, www.kollerhof.de.

Öffnungszeiten März bis Nov. tgl. 8–23 Uhr.

Preise 1/2 Stunde Ponyreiten 3 €, Kutschenfahrt (bis zu 9 Personen) 45 €/Stunde. Übernachtung mit Frühstück ab 28,50 €.

Alles Glück der Erde liegt auf ... dem Kollerhof

Pferdenarren und Naturfreunde aufgepasst: In der Oberpfalz gibt es die unübertreffliche Reiterpension Kollerhof – ein idealer Ort für die ganze Familie! Wer will, der reitet und kümmert sich um die Pferde. Der Rest der Familie entspannt, genießt die Natur pur oder beobachtet Katzen, Schweine, Kaninchen, Ponys und mehr …

Malerisch umgeben von Wäldern und Wiesen an der Grenze zwischen dem Oberpfälzer und dem Bayerischen Wald liegt die Reiter- und Freizeitpension Kollerhof. Aber der Kollerhof ist weit mehr als nur eine reine Pferdepension. Zum Kollerhof gehören ein Gasthaus mit guter Küche, ein großer See und viele Tiere. Falls Ihr übernachten wollt: es gibt eine Menge Zimmer und Apartments zu fairen Preisen. Jeder ist willkommen, egal ob Übernachtungsgast oder Tagesausflügler. Viele kommen einfach für einen Tag hierher, um zu relaxen, die Natur zu genießen oder ihr Glück auf dem Rücken der Pferde zu finden. Der Kollerhof ist ein optimales Familienausflugsziel, wenn es um Spaß und Erholung geht.

Die Reiterinnen und Reiter unter euch buchen am besten am Vortag eine Reitstunde. Egal, ob Dressur- oder Springreiten, es ist bestimmt etwas Passendes dabei. Ohne Reservierung ist das Ponyreiten möglich. Das ist vor allem für Familien mit kleineren Kindern schön, denn auf den kleinen Shettys fühlen sich auch die Jüngsten wohl. Schlendert unbedingt durch die große Anlage. Alle Ställe stehen offen. Insgesamt leben mehr als 100 Pferde auf dem Kollerhof. Falls ihr Lust bekommt, helft einfach am Hof mit. Fragt kurz nach und schon striegelt und füttert ihr die Pferde und helft beim Ausmisten. Falls nicht alle in der Familie pferdenärrisch sind, gibt es auch einen kleinen Streichelzoo mit Meerschweinchen, Hühnern, Hängebauchschweinen, Ziegen, Hunden, Schafen und Katzen.

Aber es gibt noch mehr Alternativen für Nicht-Reiter unter euch: Geht im Sommer am See baden oder leiht euch ein Boot aus. Ihr könnt angeln, einfach nur spazieren gehen oder den Spielplatz erobern. Ihr findet bestimmt etwas, das euch gehörigen Spaß macht. Überzeugt euch selbst!

Tradinno, der Drache im Bayerischen Wald

Anfahrt **Öffentlich:** Mit der Bahn bis Furth im Wald. **Auto:** Von der A 3, Ausfahrt Straubing, weiter über Cham nach Furth im Wald; von der A 6, Ausfahrt Leuchtenberg, über die B 22 nach Cham und weiter nach Furth.

Informationen Tourist Information Furth im Wald, Schloßplatz 1, 93437 Furth im Wald, Tel. 09973/509 80, www.furth.de.

Öffnungszeiten Drachenhöhle: April bis Ende Okt. Di–So 10.30–16 Uhr; Flederwisch: April bis Okt. Mo–Fr 10–17 Uhr, ab Mai auch Sa/So, im Winter nur So 11–17 Uhr; Further Drachenstich: Ende Juli bis Mitte Aug.

Preise Drachenhöhle mit Führung: Erwachsene ab 15 Jahren 10 €, Kinder ab 6 Jahren 7 €; Flederwisch: ab 6 Jahren 3,50 €.

Altersbeschränkung Für die Führung »Bewegter Drache« gibt es keine Altersbeschränkung. Eltern von kleineren Kindern müssen jedoch wissen, dass er wirklich sehr echt wirkt.

Der riesige Drache in Furth im Wald

»Es war einmal ein Drache …« – so beginnen viele Märchen. Und manchmal werden Märchen auch wahr! In Furth im Wald existiert noch ein Drache, und der lebt in einer Drachenhöhle. Für zwei Wochen im Jahr darf er seine Höhle zum Further Drachenstich verlassen. Danach findet ihr ihn dort wieder. Das glaubt ihr nicht? Überzeugt euch selbst!

Wollt ihr den größten ferngesteuerten Roboterdrachen Deutschlands sehen? Dann ab nach Furth im Wald. Begonnen hat alles mit dem Further Drachenstich, Bayerns ältestem Volksschauspiel. Für dieses Spektakel wurde 2006 der »neue« Drache Tradinno angeschafft. Und Tradinno ist nicht nur irgendein Drache. Tradinno ist der größte ferngesteuerte Roboter auf vier Beinen. Er bewegt sich wie ein echter Drache, sieht aus wie ein echter Drache und spuckt Feuer wie ein echter Drache!

Tradinno lebt das ganze Jahr in seiner Drachenhöhle am Festplatz, wo er auf euren Besuch wartet. Hier erfahrt ihr alles über Tradinno und den Drachenstich. Versucht unbedingt, eine der Führungen »Bewegter Drache« zu erwischen (www.further-drache.de). Ein absolut faszinierendes Ereignis, bei dem sich der Drache äußerst lebendig zeigt.

Ihr wollt trotzdem noch mehr unternehmen? Dann besucht die mysteriöse Erlebniswelt Flederwisch. Am Lagerplatz 5 taucht ihr in die einmalige Welt der Technik, Kinderaugen leuchten bei den mehrmals wöchentlich stattfindenden Führungen dieses besonderen Museums. Aber auch ohne Führung gefällt euch diese nostalgische Reise. Es gibt unglaublich viel zu entdecken: Versucht euch am Papierschöpfen oder Goldwaschen. Von Mitte Juni bis Mitte September findet jeden Mittwoch der Kunst- und Handwerkermarkt statt.

ANTENNE BAYERN TIPP

Furth bietet viel: Sucht auch den geheimnisvollen Wildgarten mit der Unterwasserstation auf. Macht euch auf in die Felsengänge unweit des Flederwischs. Am Drachensee könnt ihr baden und die Waldbühne begeistert mit liebevoll inszenierten Märchenstücken.

Prächtig ist so ein Wolf aus nächster Nähe

Anfahrt

Öffentlich: Mit der Bahn bis Schwandorf, weiter mit der Bahn nach Cham/Lam, von dort mit Bussen nach Lohberg; oder mit der Bahn nach Plattling und dort in die Waldbahn nach Bayerisch Eisenstein wechseln, weiter mit dem Bus nach Lohberg. **Auto:** Über die A 6, Ausfahrt Amberg-Ost, auf die B 85 bis Chamerau, weiter über Bad Kötzting nach Lohberg; über die A 3, Ausfahrt Straubing, auf der B 20 bis Cham und der B 85 bis Chamerau, weiter über Bad Kötzting nach Lohberg; über die A 92, Ausfahrt Deggendorf, dann auf der B 11 bis Patersdorf, weiter über Bodenmais und die Arberpassstraße nach Lohberg.

Informationen

Bayerwald-Tierpark Lohberg, Schwarzenbacher Str. 1A, 93470 Lohberg, Tel. 09943/8145, www.bayerwald-tierpark.de.

Öffnungszeiten

Tgl. April bis Okt. 9–17 Uhr, Nov. bis März 10–16 Uhr.

Preise

Erwachsene 5 €, Kinder von 4–16 Jahren 4 €.

Fischotter und Wölfe im Bayerwald-Tierpark 47

Wollt ihr Elche, Wölfe oder Fischotter live erleben? Dann kommt in den Bayerwald-Tierpark in Lohberg. Hier trefft ihr auf viele heimische Tiere oder auf solche, die früher einmal bei uns heimisch waren. Manche von ihnen lassen sich in freier Natur nur schwer aufspüren. Mitunter sind sie sogar richtig selten geworden, wie Luchs oder Wildkatze.

Der bei Groß und Klein beliebte Bayerwald-Tierpark Lohberg liegt am Fuße des Großen Arbers im Bayerischen Wald. Ein 1,5 Kilometer langer Rundweg führt euch an den Gehwegen und Volieren der hier lebenden Tiere vorbei – mehr als 100 Arten sind es! Dabei durchwandert ihr einen herrlichen Park mit hohen Bäumen und diversen Bachläufen. Ihr bestaunt Wasser- oder Greifvögel genauso wie Rotwild, Füchse, Dachse, Hasen und Marder. Sogar ein Wisent-Gehege gibt es. Aquarien zeigen prachtvolle Exemplare unserer heimischen Gewässer. Besonders attraktiv für die meisten sind das Wolfsrudel, die Luchse und die Fischotter. Vereinzelt leben diese mittlerweile wirklich wieder im Bayerischen Wald, aber die Chance, sie in freier Wildbahn zu sehen, ist gering.

Gerade die Fischotter sind äußerst putzig und mitunter sehr aktiv, vor allem am späten Nachmittag, wenn gerade Fütterungszeit ist. Wenn ihr kleineren Tieren ganz nahe kommen wollt, dann geht einfach ins Streichelgehege. Hier tummeln sich immer ein paar Ziegen, die frech um Futter betteln. Falls ihr selbst Hunger habt: Es gibt einen Kiosk. Den findet ihr ganz zentral, gleich neben einem großen Abenteuerspielplatz zum Herumtoben und Spaß haben.

ANTENNE BAYERN TIPP

Vom Tierpark in Lohberg startet von Ostern bis November die Kleine Arberseebahn hinauf zum Kleinen Arbersee. So könnt ihr bequem in einer knappen halben Stunde den kleinen idyllischen Bergsee erreichen. Er ist berühmt für sein dunkles Moorwasser und die schwimmenden Inseln. Euch ist nicht nach Wandern? Dann hüpft doch einfach in den Huber Weiher unweit der Kirche von Lohberg. Dieses kleine Naturbad ist das perfekte Ziel für Wasserratten!

Im Churpfalzpark gibt es für jeden Geschmack Fahrgeschäfte.

Anfahrt **Öffentlich:** Mit der Bahn bis Cham, weiter mit dem Bus. **Auto:** Über die A 3, Ausfahrt Wörth an der Donau, weiter auf der St 2146 Richtung Cham, in Schorndorf rechts nach Traitsching/Loifling.

Informationen Churpfalzpark, Churpfalzweg 6, 93455 Traitsching, Tel. 09971/303 00, www.churpfalzpark.de.

Öffnungszeiten 1 Woche vor Ostern bis Anfang Okt. tgl. 9–18 Uhr.

Preise Erwachsene/Kinder ab 14 Jahren 17,50 €, Kinder bis 14 Jahre 16,50 €, Kleinkinder bis 5 Jahre 13,50 €.

Blumen und High Speed im Churpfalzpark

Der Churpfalzpark Loifling bei Cham bietet euch einen traumhaften Ausflug! Wie im Paradies wandelt ihr durch bunt blühende Blumenwelten und Themengärten. Für jede Menge Spaß und Action sorgen über 80 Fahrattraktionen. Eine gelungene Mischung für einen famosen Familientag.

Der Churpfalzpark ist seit seinen Anfängen in den Siebzigerjahren auf eine Größe von rund 200 000 Quadratmeter gewachsen. Sein Konzept ist wirklich einzigartig: üppige Blumengärten und Parklandschaften, kombiniert mit einem actionreichen Freizeitpark.

Wer hat Lust auf eine wilde Schlacht mit Softball-Kanonen auf den Piratenschiffen? Wie wäre es mit einer Fahrt im Riesenrad oder im Kettenkarussell? Feucht bis nass wird es an der Wildwasserbahn und der High-Speed-Rafting-Rutsche. Dunkel ist es im Mystery Fun House mit seinen verrückten optischen Täuschungen. Weiter könnt ihr zwischen Autoscooter, Wellenflieger, Kutschenbahn, Rotem Pendolino, Schwanen-Tretboot, Kinder-Quads, Seerosenfahrt, gefüllten Luftkissen, Kasperltheater, Rutschen-Turm und Schaukeln wählen.

Im Eintrittspreis sind, bis auf wenige Ausnahmen, alle Fahrgeschäfte enthalten. Probiert sie also am besten mehrfach aus! Später erfreuen sich alle an der unvergleichlich bunten Blütenpracht, die sich das ganze Jahr über immer wieder wandelt. Für die äußerst kunstvolle Bepflanzung der Blumenbeete sorgt die betriebseigene Gärtnerei. Einzigartig ist die große Dahlienschau mit über 65 000 Dahlien, die vor allem im Spätsommer blühen. Eine Augenweide!

ANTENNE BAYERN TIPP

Nehmt im Sommer unbedingt eure Badesachen samt Handtuch in den Churpfalzpark mit! Denn während sich die Erwachsenen vielleicht auf bequemen Sonnenliegen unter Palmen in den Ruhebereich zurückziehen, können die Kids den großen Wasserspielplatz mit Plansch-, Spritz- und natürlich Bademöglichkeit genießen.

Wundert euch nicht! Die Felsenwege führen zunächst abwärts, weg von der Burg.

Anfahrt **Öffentlich:** Mit der Bahn nach Regensburg, dort weiter mit dem Bus nach Falkenstein. **Auto:** Über die A 3, Ausfahrt Wörth oder Ausfahrt Kirchroth, weiter nach Falkenstein.

Informationen Tourismusbüro Falkenstein, Marktplatz 1, 93167 Falkenstein, Tel. 09462/94 22 20, www.burg-falkenstein.info.

Öffnungszeiten Felsenpark und Burgturm frei zugänglich, Museum im Sommer tgl. geöffnet, sonst Do–So 11–18 Uhr.

Preise Felsenpark kostenlos, Burgturm 50 Ct.

Altersbeschränkung Etwas Trittsicherheit ist erforderlich. Bei nasser Witterung können die Steine rutschig sein. Kleine Kinder gehören hier unbedingt an die Hand!

Über Teufelssteg und Himmelsleiter zur Burg

Ein Wunder der Natur sind die bizarren Felsformationen in den Wäldern rund um die Burg Falkenstein, die ihr auf einer Wanderung erforschen könnt. Lasst eurer Fantasie freien Lauf: Was seht ihr in den mächtigen Steinblöcken? Einen Eier- oder Schlangenkopf? Grüne Monsterpilze, Hügelgräber oder doch nur eine Steinkugel?

Ihr startet für eure Erkundung am Burgparkplatz in der Burgstraße. Eine Informationstafel weist euch auf die vielen verschiedenen Wege durch den Felsenpark hin, die ihr euch aussuchen könnt. Ihr habt die Qual der Wahl zwischen dem Froschsteig, dem Himmelssteig, dem Schlosssteig und dem Königsweg. Letzterer beginnt allerdings hinter dem Rathaus.

Eigentlich ist es egal, welchen Pfad ihr zuerst wählt. Alle sind spannend und sehr individuell. Um all die Sehenswürdigkeiten wie Froschmaul, Teufelssteg, Himmelsleiter, Schussbahn, Schiefer Stein, Herzbeutelgässchen, Herminensgrotte, Teufelsstein oder Schanzl zu entdecken, müsst ihr verschiedene Abstecher über mitunter steile Stufen wählen. So erkundet ihr nach und nach alle Highlights des Parks.

Bei allen Wegen ist euer Ziel die 1074 erbaute Burg Falkenstein. Dort kommt ihr schnell hinauf. Vom Burgturm aus genießt ihr die herrliche Aussicht über die Hügel des Bayerischen Waldes. Wenn ihr Hunger habt, kehrt doch in der Burggaststätte ein! Mit einer kleinen Eintrittsgebühr könnt ihr noch das Burgmuseum »Jagd und Wild« besuchen. Danach geht es entlang der moosgrünen Steine und fantastischen Felsformationen wieder zurück. Übrigens: Im Burghof finden im Sommer die traditionellen Burghofspiele statt, bei denen mit viel Witz und Spielfreude Theaterstücke aufgeführt werden.

ANTENNE BAYERN TIPP

In Falkenstein gibt es ein großes Freibad mit Breitwasserrutsche, das euch im Sommer Abkühlung und Erfrischung bietet. Die ganz kleinen Gäste können im Planschbecken toben. Wer es gern sportlicher hat, nutzt das Beachvolleyballfeld oder den nahen Bewegungs-Parcours (ganzjährig geöffnet).

Früh übt sich — wer ein Meister werden möchte.

Anfahrt **Öffentlich:** Mit der Bahn bis Regensburg, weiter mit dem Bus Linie 5 Richtung Wörth, Haltestelle »Gewerbepark/Donau-Arena«. **Auto:** In Regensburg über die B 15 oder B 8 auf die Walhalla-Allee, dort in die Lechstraße und weiter zum Gewerbepark.

Informationen Boulderwelt Regensburg, Im Gewerbepark A 46, 93059 Regensburg, Tel. 0941/89 96 36 06, www.boulderwelt-regensburg.de.

Öffnungszeiten Tgl. 10–23 Uhr.

Preise Erwachsene 9,90 €, Schüler 8,90 €, Kinder unter 14 Jahren 6,90 €, Kleinkinder unter 4 Jahren 3 €.

Mit Suchtfaktor:
Die Regensburger Boulderwelt

Ihr liebt das Klettern? Eure Kids steigen über jeden Zaun oder hangeln sich auf Bäume? Sehr gut, dann ab in die Regensburger Boulderwelt. Hier erlebt ihr gemeinsamen Kletterspaß und könnt euch meisterhaft ausprobieren. Denn: Jeder kann klettern!

Das Wort »boulder« kommt aus dem Englischen und bedeutet »Felsblock«. Auf so einen kann man bekanntlich gut kraxeln. Und das bedeutet »bouldern« auch: Klettern am Fels. Nur: Mitten in Regensburg findet ihr normalerweise keine Felsblöcke – deshalb gibt es die Boulderwelt. Hier könnt ihr bei Wind und Wetter an künstlichen Felsen klettern.

Der Unterschied zu einer klassischen Kletterhalle liegt darin, dass ihr ohne Seil und Haken auf relativ niedriger Höhe klettert. Am Boden liegen weiche Matten, damit ihr bei einem Absturz weich fallt. Das passiert Anfängern wie Profis, denn es ist ganz schön knifflig, sich entlang der bunten Klettergriffe über Hindernisse zu hangeln. Auch an die Kleinsten wurde gedacht. In der Kinderwelt klettert ihr auf ein Piratenschiff oder einen Märchenturm anstatt auf Felsblöcke.

Viel Ausrüstung braucht ihr nicht. Bequeme Kleidung ist ausreichend, die Kletterschuhe könnt ihr vor Ort ausleihen. So ist es ganz unkompliziert, in diese Sportart reinzuschnuppern. Oder ihr besucht den kostenlosen Einführungskurs, den die Boulderwelt mehrmals wöchentlich anbietet. Dabei bezahlt ihr nur den Eintritt und bekommt bei einem Rundgang alles Wichtige erklärt. Los geht's ganz nach dem Boulderwelt-Motto: »Klettern ohne Furcht und Tadel.« Probiert es aus – es macht unglaublich Spaß!

ANTENNE BAYERN TIPP

Habt ihr im Anschluss Lust auf ein witziges Theater? Dann besucht das bezaubernde Marionettentheater »Pupille schief« im Akademiesalon des Andreasstadels in der Andreasstr. 28 in Regensburg. Stücke für Kinder stehen vor allem am Wochenende auf dem Spielplan – Infos siehe www.pupille-schief.de.

Bei der Stadtführung gibt es viel zu entdecken!

Anfahrt **Öffentlich:** Mit der Bahn nach Regensburg, zu Fuß oder mit Bussen ans Donauufer. **Auto:** Regensburg ist von überallher gut erreichbar, Startplatz der Führungen ist die »Alte Wurstkuchel« direkt am Donauufer.

Informationen Stadtmaus, Thundorferstr. 1, 93047 Regensburg, Tel. 0941/230 36 00, www.stadtmaus.de.

Öffnungszeiten Für alle Führungen unbedingt vorher anmelden. Freie Kinderführungen nur in den Oster-, Pfingst- und Sommerferien.

Preise Stadtmaus-Führung: Kinder 6 €, Erwachsene 8 €; komplette Führung pauschal je nach Thema 88–159 €.

Altersbeschränkung Schlaumaus-Führung ab 5 Jahren.

Römer und Ritter in Regensburg

51

Stadtführungen müssen beileibe nicht langweilig sein! Die Stadtmaus-Kinderführungen in Regensburg sind der beste Beweis dafür. Die sind wie für euch gemacht und ihr lernt mit viel Jux und Spaß die Altstadt von Regensburg kennen.

Regensburg an der Donau ist eine Stadt mit einer sehr, sehr langen Geschichte. Schon die Römer siedelten hier. Bis heute hat sich die malerische Altstadt mit dem mächtigen Dom, der markanten Bogenbrücke, den wehrhaften Türmen und Stadttoren und dem unendlichen Gewirr aus Gassen ihr historisches Gesicht bewahrt. Kein Wunder, dass sie zum UNESCO-Weltkulturerbe gehört.

Schließt euch am besten einer der Stadtmaus-Kinderführungen an, das ist die lebendigste Art, Regensburg zu erkunden. Die wenigen Termine, für die ihr euch unbedingt vorher anmelden müsst, liegen zum Glück in den Ferien.

Bei der sogenannten Schlaumaus-Führung geht es zu den wichtigsten Sehenswürdigkeiten Regensburgs. Ihr erfahrt viel über das aufregende und manchmal auch gefährliche Leben in einer mittelalterlichen Stadt. Zum Abschluss schlüpft ihr in die Rolle eines Ritters. Ihr testet beispielsweise, wie schwer ein Kettenhemd oder ein Bidenhänder (ein echtes Zweihandschwert) ist.

Natürlich lassen sich alle anderen Führungen auch zu einem Festpreis buchen. Das Themenangebot ist groß. Wie wäre es mit »Die Römer in Regensburg«? Oder »Lager, Limes und Legionäre«? Oder »Tierisches Regensburg«?

ANTENNE BAYERN TIPP

Apropos Ritter: Einen richtigen Ritter-Spielplatz findet ihr im Scheugäßchen/Ecke Weingasse. Und falls euch Rittern dann nach einem Eis gelüstet, müsst ihr nur in die Rote-Hahnen-Gasse gehen. Im Eiscafé DiBa gibt es leckere und ausgefallene Eissorten, die noch dazu aus Biomilch hergestellt werden.

Neugierig beäugen euch die Waschbären

Anfahrt **Öffentlich:** Mit der Bahn bis Haltestelle »Maxhütte-Heidhof«, weiter mit dem Bus nach Teublitz. **Auto:** Über die A 93, Ausfahrt Teublitz, ab Teublitz der Ausschilderung folgen.

Informationen Wild- und Freizeitpark Höllohe, Höllohe 1, 93158 Teublitz,

Tel. 09471/981 92 (nur Mo–Fr 9.30–10 Uhr im Aufseherhaus), www.wildpark-hoellohe.de.

Öffnungszeiten Tgl. bis Einbruch der Dunkelheit.

Preise Kostenlos.

Mufflons und Waschbären ganz nah

Wollt ihr Rehe, Mufflons, Hirsche aus nächster Nähe sehen? Oder Fasane, Störche, Pfauen und Schleiereulen? Genau das ist im Wild- & Freizeitpark Höllohe mitten im Wald bei Teublitz möglich. Das Naturparadies im Erholungsgebiet bietet neben seinen schönen Tieren noch viel Erlebnisreiches für die ganze Familie – und das völlig kostenfrei.

Zwischen dem Naabufer und mehreren Weihern findet ihr eine einmalige Mischung aus spannenden, naturnahen und unvergesslichen (Tier-)Attraktionen auf 30 Hektar verteilt. Im Mittelpunkt des Parks stehen heimische Tiere wie Rotwild, Mufflons, Schafe oder Ziegen. Diese sind gar nicht scheu und kommen ganz nah zu euch an den Zaun. Bei eurem Rundgang über das kinderwagen- und rollstuhltaugliche Gelände entdeckt ihr aber noch sehr viel mehr: Wildschweine, Meerschweinchen, Mäuse, Wasserschildkröten, Waschbären, auch interessante Vögel wie zum Beispiel Zebrafinken und Kanarienvögel. Die schlauen Hinweistafeln auf eurem Weg liefern interessante Informationen zur Lebensweise der Tiere.

Auf Tuchfühlung geht ihr dann im Streichelgehege: Von allen Seiten werdet ihr von Vierbeinern umringt, vor allem, wenn ihr ein wenig Futter mitbringt. Dieses bekommt ihr an einem der Futterautomaten für 50 Cent. Kleinere Kinder lieben den Höllohe-Weiher, der den Mittelpunkt der schönen Anlage bildet. Zu jeder Jahreszeit schwimmen dort zahlreiche Wasservögel und lassen sich in keinster Weise durch uns Menschen stören.

Zum abschließenden Herumtollen besucht ihr den Waldspielplatz mit großem Kletternetz oder den Barfuß-Pfad. Solltet ihr eine Pause brauchen, stehen jede Menge Rast- und Picknicktische bereit. Oder der Höllohe-Kiosk, damit ihr eure Brotzeit nicht unbedingt selbst mitbringen müsst.

ANTENNE BAYERN TIPP

Direkt am Gelände des Wildparks liegt der Naturbadesee Höllohe. Im Sommer ist er ein beliebter Treffpunkt. Es gibt Rutschen und einen Abenteuerspielplatz, eine Skateranlage und sogar einen Sandstrand.

Ein Riesenseeadler ist schon ein äußerst majestätischer Greifvogel

Anfahrt **Öffentlich:** Mit der Bahn bis Saal an der Donau, weiter mit Bussen bis Riedenburg (wenige Verbindungen pro Tag). **Auto:** Über die A 9, Ausfahrt Denkendorf, oder über die B 16 von Kelheim kommend. In Riedenburg der Beschilderung folgen. Mit großen Autos besser über die Südseite zur Burg fahren, die Burgstraße ist nur eine schmale Gasse.

Informationen Falkenhof Schloss Rosenburg, 93339 Riedenburg, Tel. 09442/27 52, www.falkenhofrosenburg.de.

Öffnungszeiten Mitte März bis Mitte Okt Di–So 9–17 Uhr, Flugvorführungen tgl. um 11 und 15 Uhr.

Preise Erwachsene 7 €, Kinder bis 15 Jahre 4 €.

Faszinierende Vogelflugshow auf dem Falkenhof

Hoch über dem Altmühltal liegt die mittelalterliche Rosenburg – eine äußerst malerische Kulisse für die Besichtigung eines Falkenhofs. Zweimal täglich fesseln euch während einer Flugshow die unglaublichen Künste der faszinierenden Greifvögel. Ihr seid hautnah dabei und verfolgt die Vögel in voller Aktion.

Die Geschichte der Falknerei reicht weit in die Vergangenheit zurück. Damals richtete man diese Vögel vor allem für die königliche Jagd ab. Bis heute ist ihr Reiz ungebrochen, auch wenn es nur mehr wenige Falkner gibt.

Die Welt der Greifvögel wirkt geheimnisvoll und majestätisch. Doch ein paar dieser Geheimnisse werden beim Besuch auf der frisch renovierten Rosenburg gelüftet. Während der Show erzählen euch die Falkner sehr unterhaltsam viele interessante Dinge über die Verhaltensweisen und Jagdmethoden ihrer Vögel – und ihr schaut euch das gleich live an! Die Raubvögel wie Eulen, Falken, Bussarde, Geier und Adler stammen meist aus eigener Zucht und wurden von Hand aufgezogen. Während der Flugvorführung steigen sie hoch in die Luft, nur um kurz darauf knapp über eure Köpfe hinwegzurauschen. Bewegt euch am besten nicht, dann spürt ihr sogar ihren Flügelschlag! Wetten, dieses Erlebnis vergesst ihr nie, vor allem, wenn die große Geierdame Mary mit ihrer prächtigen Spannweite eure Nähe sucht!

Schaut euch nach der Aufführung den Falkenhof und das angeschlossene Burgmuseum an. Hier erfahrt ihr noch viel mehr über Grafen und Falkner. Oder habt ihr Lust auf einen Bummel durch den Ort Riedenburg unten im Tal? Rund um den netten Marktplatz gibt es einige Einkehrmöglichkeiten. Bei einem Spaziergang entlang der Altmühl schaut ihr den Ausflugsbooten und dem Schiffverkehr zu.

ANTENNE BAYERN TIPP

Hier dreht sich alles um edle Steine: Es leuchtet, glitzert und funkelt im Kristallmuseum von Riedenburg. Lasst euch von der größten Bergkristallgruppe der Welt faszinieren!

Nicht in Afrika, sondern in Straubing leben diese Löwen.

Anfahrt **Öffentlich:** Mit der Bahn nach Straubing, danach 45 Min. Fußweg zum Tiergarten. **Auto:** Über die A 3, Ausfahrt Kirchroth/Straubing, oder über die B 8, Ausfahrt Tiergarten.

Informationen Tiergarten Straubing, Am Tiergarten 3, 94315 Straubing,

Tel. 09421/121 77, www.tiergarten-straubing.de.

Öffnungszeiten März bis Okt. tgl. 8.30–18 Uhr, Winter 9–16 Uhr.

Preise Erwachsene (ab 16 Jahren) 6 €, Kinder ab 5 Jahren 4 €.

Klein, aber fein – der Straubinger Tiergarten 54

Gibt es etwas Schöneres, als Tiere aus der ganzen Welt zu beobachten? Am liebsten natürlich live? Falls ihr gerade keine Zeit dazu habt, um die halbe Welt zu reisen, schaut doch im Straubinger Tiergarten vorbei. Dort findet ihr eure Lieblingstiere und jede Menge Exoten.

Der Straubinger Tiergarten ist im Gegensatz zu einigen anderen bayerischen Zoos eher unbekannt – vollkommen zu Unrecht, denn er bietet der ganzen Familie ebenso viel Interessantes wie auch Unterhaltsames aus der Tierwelt. Der Vorteil ist, dass hier deutlich weniger Andrang herrscht als anderswo. So habt ihr genug Zeit und Ruhe, alle Tiere genauestens zu beobachten.

Auf dem Rundweg spaziert ihr gemütlich an den Gehegen vorbei. Um alle 200 hier lebenden Tierarten aufzuzählen, wäre kein Platz auf dieser Seite. Es gibt heimische und europäische Arten, aber auch exotische wie Krokodile, Löwen, Kängurus, Affen und sogar einen Tiger. Einzigartig ist das sogenannte Danubium. Straubings Nähe zur Donau hat zu diesem Feuchtbiotop und Aquarium inspiriert. Es zeigt den Tier- und Fischreichtum der Donau von ihrer Quelle bis zum Schwarzen Meer. Das ist wirklich etwas Besonderes.

Natürlich gibt es auch Spielplätze, einen Streichelzoo und, vor allem in den Sommerferien, ein tolles Ferienprogramm. Und falls ihr noch mehr über die Arbeit und das Leben in einem Zoo wissen wollt, kommt zum Tag der offenen Tür. Einmal im Jahr ist dann der Blick hinter die Kulissen erlaubt. Lasst euch den nicht entgehen!

ANTENNE BAYERN TIPP

Das Ferienprogramm des Tiergartens bietet im Sommer äußerst spannende Unterhaltung für Kids. Bei »Bitte zu Tisch« erfahrt ihr alles rund um die Fütterung. Sehr beliebt ist auch der Fotoworkshop. Da lernt ihr, wie man mit einem Smartphone beeindruckende Tierfotos schießt. Das Highlight im Programm: eine Übernachtung im Zoo. Wer traut sich?

Burg Egg — eine wirklich tolle Filmkulisse!

Anfahrt **Öffentlich:** Mit der Bahn nach Deggendorf, weiter mit Bussen nach Egg. **Auto:** Über die A 3, Ausfahrt Metten, über Metten nach Egg/Bernried.

Informationen Schloss Egg, 94505 Bernried, Tel. 09905/8001, www.schloss-egg.de.

Öffnungszeiten Mai bis Sept. tgl. 10–16 Uhr, April und Okt. nur So und feiertags 10–16 Uhr.

Preise Erwachsene 5 €, Kinder ab 6 Jahren 2,50 €.

Ein echtes Schloss wie im Film: Burg Egg

Seid ihr Kinofans und kennt die Filme »Fünf Freunde« oder »Bibi Blocksberg«? Ja? Dann schaut euch unbedingt die berühmte und beeindruckende Filmlocation Burg Egg an – hier wurden große Teile dieser mitreißenden Streifen gedreht!

Dabei ist Schloss Egg bei Bernried keine reine Filmkulisse, sondern ein waschechtes Schloss mit langer Vergangenheit. Die Erbauung geht auf das 11. Jahrhundert zurück. Im Laufe der Jahrhunderte wurde es von einem Wasserschloss zum neugotischen Märchenschloss umgebaut. Warum, wieso, weshalb … das erfahrt ihr bei eurem einstündigen, geführten Rundgang. Dabei besichtigt ihr das Schloss auch von innen. Schaut euch die Prunkräume an – Rittersaal, gelber und roter Salon, Spiegelsaal und das Schlafzimmer von König Max II. Die Zimmer sind einfach märchenhaft.

Unheimlich dagegen ist die Spukgeschichte über herumgeisternde Gestalten. Noch gruseliger geht nicht? Dann lasst euch im Folterkeller eines Besseren belehren. Vom Innenhof aus könnt ihr ihn selbstständig besuchen. Oder ihr steigt über 120 Stufen auf den Hungerturm. Dieser Turm ist mit 45 Meter Höhe der höchste Burgturm Bayerns. Man hat dort einst 183 Skelette gefunden. Aber keine Angst: Die sind mittlerweile friedlich auf dem benachbarten Friedhof beigesetzt. Schaurig, oder? Atemberaubend ist die Aussicht vom Turm. Ihr schaut weit über das Perlbachtal und den Bernrieder Winkel auf die Ausläufer des Bayerischen Waldes.

Am Schloss Egg kann man im Schlossrestaurant was Leckeres essen. Es gibt einen Spielplatz und sogar einen Biergarten mit Selbstbedienungsrestaurant. Sehr nett ist auch das nahe Gasthaus Wild Berghof im Ortsteil Buchet. Angeschlossen ist ein riesiges Hirschgehege. Und falls euch nach dem Ausflug noch nach Kunst und Kultur ist, dann besichtigt im nahen imposanten Kloster Metten die farbenprächtige Bibliothek.

Am Egidi Buckel gibt es gleich zwei Sommerrodelbahnen.

Anfahrt **Öffentlich:** Mit dem Zug nach Straubing, weiter mit dem Bus nach Grün/St. Englmar. **Auto:** Über die A 3, Ausfahrt Schwarzach/St. Englmar oder Bogen, weiter nach St. Englmar, dort in den Ortsteil Grün.

Informationen Rodel- & Freizeitparadies St. Englmar, Grün 10, 94379 St. Englmar, Tel. 09965/12 03, www.sommerrodeln.de.

Öffnungszeiten Ab der Karwoche bis einschl. Anfang Nov. tgl. 9–18 Uhr.

Preise Der Eintritt in den Erlebnispark ist frei. Rodelbahnen: ab 15 Jahren 2,50 €, Kinder 2 €; Sommer-Tubing: 1 €; Bayerwald-Abenteuergolf: Erwachsene 4 €, Kinder 3 €; Bayerwald-Fox-Parcours: Erwachsene 7 €, Kinder 6 €; vergünstigte Mehrfachtickets.

Altersbeschränkung Rodelbahnen ab 3 Jahren, unter 8 Jahren nur in Begleitung eines Älteren; Sommer-Tubing ab 4 Jahren; Flying Fox ab 8 Jahren und 1,10 m Körpergröße, aber nur in Begleitung eines Erwachsenen.

Rodel- & Freizeitspaß am Egidi-Buckel

Eure Haare flattern im Wind, ihr habt den Fahrtwind im Gesicht und spürt die Fliehkräfte – so saust ihr den Egidi-Buckel hinunter. Auf den zwei längsten Sommerrodelbahnen im Bayerischen Wald, dem »Bayerwald Coaster« und dem »Bayerwald-Bob«, geht's gefahrlos über Jumps, wilde Kurven und einen 360°-Steilwandkreisel. Achtung, Suchtgefahr!

Dabei sind die beiden Sommerrodelbahnen noch lange nicht alles, was euch am Egidi-Buckel geboten wird. Auf der 12-Loch-Abenteuergolfanlage tretet ihr gegeneinander an und übt das Einputten. Oder ihr rutscht nebeneinander in knatschroten Gummireifen die Sommer-Tubingbahn hinunter. Auf dem hauchdünnen Wasserfilm braucht ihr nicht einmal eine Badehose – ihr bleibt trocken!

Es gibt jedoch noch viel mehr im unvergleichlichen Freizeitpark zu erleben. Neben dem Rutschenparadies und vielen Spielplätzen ist speziell der Wasserspielplatz im Sommer ein Eldorado für die Kleinsten. Bei schlechterem Wetter weicht ihr in eine Indoor-Spielhalle aus. Der Eintritt dafür ist frei, nur einzelne Fahrgeschäfte wie z. B. die Bumper-Boote oder das Bungee-Trampolin kosten extra.

Auf dem Kletterspielplatz mit Vogelnest könnt ihr zeigen, was ihr draufhabt. Ein Streichelzoo mit neugierigen und frechen Ziegen liegt am hölzernen Aussichtsturm. Dort erwartet euch ein brandneuer Höhepunkt: extrem steile Megarutschen! Sie führen von der obersten Plattform 20 Meter in die Tiefe. Wer will, wagt sich vom Aussichtsturm auf den Bayerwald-Fox. Ausgerüstet mit Klettergurt, fliegt ihr über die gesamte Anlage von Plattform zu Plattform und überwindet dabei Hindernisse. Wer traut sich zuerst?

ANTENNE BAYERN TIPP

Wie gut ist eure Orientierung? Schafft ihr es durch einen Irrgarten? Probiert es doch einmal in St. Englmar am Gasthof Kupferkessel aus. Der Spaß ist mit Rätseln gespickt und garantiert vergnügte Stunden. Am Ende genießen alle auf der sonnigen Terrasse die Aussicht über den Ort. Infos unter www.irrgarten-sankt-englmar.de.

Fotografiert ein paar Erinnerungsbilder, sonst glaubt euch das keiner.

Anfahrt **Öffentlich:** Nicht möglich.
Auto: Über die A 3, Ausfahrt Bogen, dort weiter auf der St 2139 Richtung Norden, Maibrunn liegt westlich von St. Englmar.

Informationen Waldwipfelweg GmbH, Maibrunn 2 a, 94379 St. Englmar, Tel. 09965/800 87, www.waldwipfelweg.de.

Öffnungszeiten April bis Okt. 9–19 Uhr, Nov. bis März 10–16 Uhr.

Preise Erwachsene 7,50 €, Kinder 5 €, Haus am Kopf 2 € pro Person extra.

Der Waldwipfelweg und das »Haus am Kopf«

Einzigartig, verkehrt und absonderlich ist das sogenannte »Haus am Kopf«. Hier ist die Welt komplett verdreht und alles steht Kopf. Noch nie war es so einfach, kopfüber auf der Zimmerdecke zu laufen. Habt ihr Lust, die Schwerkraft zu überwinden? Dann nichts wie los!

Auf dem Gelände des Waldwipfelweges findet ihr alles, was ihr für einen perfekten Familienausflug braucht. Hier reihen sich die Attraktionen aneinander. Beginnt einfach mit dem bis zu 30 Meter hohen »Waldwipfelweg«, der auf hölzernen Stelzen bis zu den Baumspitzen führt. Doch keine Sorge – es ist nicht so schwer, hoch über der Erde zu wandern.

Auf der luftigen Hängebrücke bekommt ihr einen zusätzlichen Adrenalinschub. Wagt auch einen Blick von der Aussichtsplattform. Von dort schaut ihr weit über die Hügel des Bayerischen Waldes, das Donautal und die Gäuboden-Ebene.

Der Baumkronenweg ist noch lange nicht alles. Lüftet die Geheimnisse der Natur auf dem zwei Kilometer langen »NaturErlebnisPfad«. Schaut euch die interessanten Mitmach-Stationen, Sinnes-Höhlen, Indianer-Tipis genauer an und beweist eure Kletterkünste an der Kletterwand.

Lust auf mehr? Dann lauft weiter zum »Pfad der optischen Phänomene«. Ihr werdet staunen! In dieser Welt der Täuschungen ist es schwierig, die Tricks zu durchschauen. Am Schluss seht ihr die Dinge in einem neuen Licht.

Die größte optische Täuschung ist natürlich das Haus am Kopf. Schon beim Betreten merkt ihr, dass hier was nicht stimmt. Spaziert um die Deckenlampe herum, macht einen Handstand über der Toilettenschüssel oder schaut von oben auf den Mittagstisch. In diesem Haus ist die Schwerkraft aufgehoben – oder ist alles Schwindel?

ANTENNE BAYERN TIPP

Im »Woid-Wipfe-Häusl« des Geländes könnt ihr einkehren, wenn ihr Hunger habt. Bei schlechtem Wetter findet ihr außerdem eine weitere überdachte Spielmöglichkeit.

Das Wasser sucht sich seinen Weg zwischen den Steinen.

Anfahrt **Öffentlich:** Mit der Bahn bis Plattling, von dort mit der Waldbahn über Zwiesel nach Bodenmais. **Auto:** Über die A 3, Ausfahrt Deggendorf, weiter auf der B 11 bis Regen, über die St 2132 nach Bodenmais.

Informationen Bodenmais Tourismus, Bahnhofstr. 56, 94249 Bodenmais, Tel. 09924/77 81 35, www.rissloch.de.

Öffnungszeiten Frei zugänglich.

Preise Kostenlos.

Altersbeschränkung Keine, aber eine Begehung mit Kinderwagen ist bei dieser Tour nicht möglich.

Spannende Tour zu den Wasserfällen am Rißloch

Bergfexe aufgepasst! Plätschernd, rauschend und tosend stürzt sich das Wasser des Rißbaches über bis zu 15 Meter hohe Kaskaden ins Tal. Ein unbeschreiblich imposantes Naturschauspiel, das sich euch während eines wundervollen Streifzugs bietet.

Am besten wählt ihr für den Start eurer Unternehmung den Wanderparkplatz Rißlochbach am nördlichen Ortsrand von Bodenmais, ein kurzes Stück hinter dem Hotel Waldhaus. Auf der Forststraße geht es Richtung Norden, bis sich der Weg teilt. Haltet euch links auf dem steinigen Pfad zu den Rißlochfällen – dort beginnt der beeindruckende Rundweg.

Es geht steiler hinauf, bis ihr ein Toben und Rauschen am Unterlauf hört. Gleich kommt ihr dem Bach ganz nah und folgt ihm weiter aufwärts. Kraftvoll und gewaltig fließt das Wasser zwischen moosbewachsenen Steinen ins Tal. Genießt den Anblick und erobert die Urwaldlandschaft!

Auf eurer Route kreuzt ihr die Unteren Wasserfälle und überquert bald eine Holzbrücke in Richtung Obere Wasserfälle. Gischt liegt in der Luft, besonders wenn ihr nach einem Regenschauer oder während der Frühjahrsschneeschmelze unterwegs seid.

Könnt ihr euch vorstellen, woher diese geballte Wasserkraft kommt? Ganz einfach: Der Rißbach holt sich Verstärkung, denn eigentlich besteht er aus vier Bächen – dem Arber-, Schwell-, Kleinhütten- und dem Wildauerbach, die sich zum Rißbach vereinen. So hat er genügend Energie, eine Schlucht mit Löchern entstehen zu lassen.

Für den Abstieg könnt ihr den bequemen Wanderweg auf der anderen Seite des Baches wählen. Er ist nach Bodenmais beschildert.

ANTENNE BAYERN TIPP

Wer noch nicht genug hat, besucht den Silberberg-Badepark in Bodenmais. Dort gibt es ein großes Freibad mit Wasserfall und Erlebnisbecken und ein Hallenbad mit ausgedehnter Saunalandschaft.

Für das Bogenschießen müsst ihr euch ganz schön konzentrieren.

Anfahrt **Öffentlich:** Mit der Bahn bis Plattling, von dort mit der Waldbahn über Zwiesel nach Bodenmais. **Auto:** Über die A 3, Ausfahrt Deggendorf, weiter auf der B 11 bis Regen, dann über die St 2132 nach Bodenmais.

Informationen Sport Alm Hütte am Silberberg, Barbarastr. 1, 94249 Bodenmais, Tel. 09924/90 58 58, www.silberberg-erlebnis.de.

Öffnungszeiten Mo/Mi/Sa/So 11–15 Uhr, feiertags und in den Ferienzeiten tgl., Nov. bis April geschlossen.

Preise Erwachsene 19 €, Kinder 15 € (inkl. Ausrüstung).

Altersbeschränkung Ab etwa 4 Jahren.

Mit Pfeil und Bogen unterwegs am Silberberg 59

Wie einst Robin Hood mit Pfeil und Bogen durch die Wälder und Auen streifen – achtsam, konzentriert und immer das Ziel vor Augen! Genau das könnt ihr mitten im Bayerischen Wald im Bogenschützenparcours am Silberberg ausprobieren.

In Bodenmais auf der Sport Alm lernt ihr schnell den Umgang mit Pfeil und Bogen: wie ihr kraftvoll den Bogen spannt, konzentriert das Ziel fokussiert und schließlich mit ruhiger Hand die Sehne losschnellen lasst. Genau wie in alten Zeiten – nur, dass ihr heute natürlich keine echten Tiere mehr erlegt, sondern naturgetreue 3-D-Nachbildungen.

Pfeil und Bogen könnt ihr euch an der Sport Alm, dem Betreiber der Anlage, ausleihen. Feste Schuhe müsst ihr mitbringen. Bevor es losgeht, bekommt ihr natürlich eine Einweisung mit Sicherheitshinweisen und Verhaltensregeln. Nach einer abschließenden Übung geht es dann selbstständig ins Gelände. Das »Jagd-Revier« bietet 20 Ziele. Drei bis vier Stunden braucht ihr für die Strecke über den Silberberg bis hinauf zur Mittelstation. Auf dem Weg testet ihr euer Schießtalent an Dinosauriern, Kobras oder überdimensionierten Weinbergschnecken. Hier ist Jagderfolg garantiert!

Neben dem Bogenschießen bietet die Sport Alm vor allem in den Ferienmonaten abwechslungsreiche Events an. Nach Voranmeldung könnt ihr Goldwaschen, Rafting-Touren oder eine Schatzsuche im Urwald buchen. Das Abenteuer ruft!

ANTENNE BAYERN TIPP

Der Silberberg nahe Bodenmais ist als Ausflugsziel sehr beliebt. Hier könnt ihr zu vielen weiteren schönen Ausflügen starten. Wie wäre es mit einer Wanderung auf den Gipfel – oder ihr erklimmt ihn mithilfe des Sesselliftes? Oben erwarten euch eine Sommerrodelbahn, ein Spielplatz und die brandneue Tubing-Rutsche. Wollt ihr auch die Geheimnisse des Silberbergs lüften? Dann erfahrt ihr im historischen Besucherbergwerk alles über die Silberfee und den Berggeist.

Hier wohnt der Specht: Im Waldspielgelände

Wollt ihr wissen, wie sich ein Specht in seiner Höhle fühlt? Dieses einmalige Erlebnis und noch viel mehr bietet euch das Waldspielgelände bei Spiegelau. Das ganze Jahr über könnt ihr dort spielerisch einen Teil des Nationalparks Bayerischer Wald durchstöbern. Und lernt nebenbei jede Menge über Tiere und Pflanzen.

»Spielend die Natur begreifen«, unter diesem Motto wurde das Waldspielgelände mit einem riesengroßen Spielplatz am Ortsrand von Spiegelau errichtet. Hier, neben dem Gelände mit Wippen, Schaukeln, Klettergerüsten und mehr, lotsen euch zwei Wege durch das zu erforschende Waldgebiet.

Kinderwagen- und rollstuhlgeeignet ist der einstündige Rundweg, bei dem ihr dem Schmetterlingssymbol »Tagpfauenauge« folgt. Er führt euch über den Spielplatz zur Waldwiese mit Tümpel und weiter durch den Wald bis zum Grillplatz. Oder ihr entscheidet euch für den Naturerlebnispfad »Eichhörnchen«, der entlang von zehn Stationen ebenfalls zur Waldwiese führt. Dort gibt es für euch viel zu entdecken. Seht ihr die knorrigen Bäume mit ihren hochstehenden Stelzwurzeln? Wusstet ihr, dass Holz und Steine Musik machen können? Nein? Dann probiert es doch gleich in der Klangabteilung des Waldes, am großen Baumtelefon, am Summstein und der Holzorgel, aus.

Anfahrt **Öffentlich:** Mit der Bahn bis Plattling, umsteigen in die Waldbahn über Zwiesel nach Spiegelau. **Auto:** Über die A 3, Ausfahrt Hengersberg, weiter über Schönberg nach Spiegelau, dort zum Parkplatz Waldspielgelände.

Informationen Nationalpark-Verwaltung Bayerischer Wald, Tel. für Veranstaltungen: 0700/00 77 66 55, www.nationalpark-bayerischer-wald.de oder www.spiegelau.de.

Öffnungszeiten Ganzjährig geöffnet; im Winter sind nicht alle Wege geräumt.

Preise Kostenlos.

Indianer in der Westernstadt Pullman City

Seid ihr auch fasziniert vom Wilden Westen? Von Cowboys und Pferden? Von Lagerfeuer, rauchenden Colts und sirrenden Lassos? Dafür müsst ihr nicht in die USA reisen, euer Ausflugsziel liegt viel, viel näher. Besucht Pullman City, die vollkommene Westernstadt am südlichen Rand des Bayerischen Waldes.

Mit einem lautstarken »Howdy« werdet ihr am Eingang von Pullman City begrüßt und dann beginnt eure Zeitreise in den Wilden Westen.

Die Main Street ist das Herzstück der Stadt. Hier reihen sich Saloons und Stores aneinander. Es gibt ein Gefängnis, das Town Office, ein Museum, eine Bank, eine Kirche, Ställe und die große Music & Dance Hall. Auf dieser Straße und in der Show-Arena finden täglich attraktive Shows statt. Besonders beliebt ist die American History Show. Dabei spielen kostümierte Darsteller das Leben in einer Westernstadt des 18. Jahrhunderts nach. Trapper, Fallensteller, Cowboys und Indianer, aber auch einfache Bürger bevölkern Pullman City. Kutschen und Planwagen fahren durch die Straße, Reiter galoppieren hinterher. Natürlich gibt es auch Westernreiten, Rinder werden getrieben und flotte Tänze aufgeführt. Einer der Höhepunkte sind die Bisons, die der Indianer Hunting Wolf mit sich führt.

Nach der Show könnt ihr Stadt, Fort und Indianerdorf selbst abchecken. Vielleicht fahrt ihr auch mit der Westerneisenbahn und besucht die kleine Farm, um dort Tiere zu streicheln. Ihr habt die Qual der Wahl!

Anfahrt **Öffentlich:** Mit der Bahn bis Vilshofen oder Passau, dann weiter mit dem Bus (fährt jedoch selten) nach Eging am See (nicht bis Ruperting!). **Auto:** Über die A 3, Ausfahrt Garham, weiter auf der St 2119 nach Eging am See.

Informationen Pullman City, Ruperting 30, 94535 Eging am See, Tel. 08544/974 90, www.pullmancity.de.

Öffnungszeiten Anfang April bis Anfang Nov. tgl. ab 10 Uhr.

Preise Erwachsene ab 17 Jahren 15,50 €, Kinder ab 5 Jahren 8 €.

Die Hängebrücke ist eines der Highlights dieser Wanderung.

Anfahrt **Öffentlich:** Mit der Bahn bis Passau, weiter mit dem Bus über Freyung nach Ringelai. **Auto:** Über die A 3, Ausfahrt Henggersdorf, über Grafenau nach Ringelai.

Informationen Touristinfo Gemeinde Ringelai, Pfarrer-Kainz-Str. 6, 94160 Ringelai, Tel. 08555/961 40, www.ringelai.de oder www.freyung.de.

Öffnungszeiten Das ganze Jahr über, im Winter sind die Wege nicht geräumt.

Preise Kostenlos.

Wildbach-Abenteuer an der Buchberger Leite

62

Wildnis, Wasser, Felsen – eine Hängebrücke, ein dunkler Gang, große und kleine Steine und ganz viel Grün! In der Wildbachklamm »Buchberger Leite« gibt´s das und noch viel mehr zu entdecken. Vor allem an heißen Sommertagen ist dies für euch der ideale Platz, um etwas Erfrischung zu finden.

Wildromantisch ist die Schlucht der Buchberger Leite. Sie ist durch die Kraft der Wolfsteiner Ohe entstanden, die sich hier mit Geduld und Hartnäckigkeit ein Flussbett in die Felsriegel geschliffen hat. Der beeindruckende Bach sucht sich seinen Lauf zwischen vielen Steinen. Sie sind dick mit Moos und Flechten bewachsen und dichter, urwüchsiger Wald reicht nah ans Ufer heran. Schaut euch diese wunderbare Kombination aus wilder, grüner Natur, dunklem Wasser und Steinen genauer an!

Entweder durchwandert ihr die Klamm zwischen Ringelai und Freyung auf dem acht Kilometer langen Themenweg. Infotafeln über die Besonderheiten der Umgebung machen die gut dreistündige Wanderung kurzweilig. Zurück nehmt ihr ab Freyung den Bus, erkundigt euch aber vorher, wann er fährt. Es gibt auch günstige Taxiverbindungen.

Der kürzere Weg führt ab Ringelai zu den eindrücklichsten Klammabschnitten, umkehren könnt ihr nach Lust und Laune. Ihr beginnt an der Brücke über die Wolfsteiner Ohe und wandert flussaufwärts. Nach dem Sägewerk trefft ihr bald auf eine sprudelnde Quelle, deren eiskaltes Wasser wie ein Whirlpool aus dem Boden dringt. Danach wird der Fluss tosender und die ersten großen Felsriegel türmen sich auf. Mithilfe einer wackeligen, aber sicheren Hängebrücke wechselt ihr die Uferseite. Schließlich erreicht ihr das Carbidwerk, das sich auf die Herstellung künstlicher Kristalle spezialisiert hat. Hier wechselt ihr erneut das Ufer und quert durch einen dunklen Stollen auf die andere Seite eines Felsriegels. Dort wächst ein Urwald, Farne, Moose und die Schluchtwälder verleihen diesem Abschnitt ein wildes Aussehen. Jetzt habt ihr fast die Hälfte der Strecke zurückgelegt und müsst entscheiden: Schafft ihr doch den ganzen Weg?

Sind diese Hunde nicht zum Knuddeln?

Anfahrt **Öffentlich:** Mit dem Zug nach Passau, von dort weiter mit Bussen, Haltestelle »Brannthäuser«. **Auto:** Über die A 3, Ausfahrt Passau-Mitte, weiter auf die B 12, von dort nach Waldkirchen, weiter auf der St 2130 über Altreichnau Richtung Haidmühle, dort den Schildern folgen.

Informationen Husky-Hof Dreisessel Kilyan Klotsch, Branntweinhäuser 46, 94089 Altreichenau, Tel. 08583/979 18 86, www.huskyhof-dreisessel.de.

Öffnungszeiten Nur nach Voranmeldung! Es gibt das ganze Jahr über verschiedene Programme, je nach Wochentag.

Preise Programme kosten unterschiedlich Besuch der Huskys: Erwachsene ab 17 Jahren 20 €, Kinder 15 €; Schlittenhunde-Workshop: Erwachsene 79 €, Kinder bis 14 Jahre 49 €.

Altersbeschränkung Keine für den Besuch bei den Huskys; Hundeschlittentour als »Mitfahrer« erst ab 6 Jahren, Hundeschlitten selbst lenken erst mit 14 Jahren.

Wie ein echter Schlittenhundeführer in Alaska

Eine unvergleichlich erlebnisreiche Schlittenhunde-Fahrt gibt's nicht nur in Skandinavien oder Alaska! Nein, sondern auch hier bei uns in Bayern – im Dreiländereck des Bayerischen Waldes. An der Grenze zu Tschechien und Österreich durchquert ihr die Wildnis in einem echten Malamute-Husky-Schlittengespann …

Winter im Bayerischen Wald. Der Schnee hat die Landschaft verzaubert, Eiskristalle hängen in der Luft und die Spannung steigt. Ein aufregendes, beispielloses Tiererlebnis in freier Natur lockt euch. Gemeinsam mit Kilyan, dem Besitzer des Husky-Hofs Dreisessel, verbringt ihr heute ein paar Stunden. Dabei setzt ihr euch nicht einfach nur gemütlich in einen Schlitten und lasst euch durch die Landschaft ziehen. Nein, ihr selbst taucht in das Leben eines Musher, eines Schlittenhundeführers, ein.

Erst einmal begrüßt ihr ausgiebig die Hunde. Das ganze Rudel, bestehend aus Huskys und Alaskan Malamutes, freut sich schon auf euch. Kilyan erzählt euch alles Wichtige über seine Schützlinge. Dabei lernt ihr schon einige Befehle und Kommandos. Danach probt er das Lenken der Schlitten mit euch und schließlich dürft ihr selbst eine Runde mit den Hunden drehen.

Schaut euch aber auch die anderen Angebote des Husky-Hofs an. So dürft ihr beim »Hunde-Besuch« die Tiere kennenlernen und die Vierbeiner so richtig knuddeln. Oder wählt die Hundewanderung – im Sommer seid ihr zu Fuß, im Winter auf Schneeschuhen unterwegs. Besonderes Highlight im Sommer ist der Abenteuernachmittag: Nach dem Hundebesuch probiert ihr Bogenschießen und lasst den Tag am Lagerfeuer ausklingen.

ANTENNE BAYERN TIPP

Unweit des Husky-Hofs führt die schmale Dreisesselstraße hinauf bis zum Parkplatz Dreisesselhaus. Von dort wandert ihr in wenigen Minuten zum Berggasthof Dreisessel. Unmittelbar davor liegt der sagenumwobene Felsaufbau Dreisessel. Erklettert ihn, um die gewaltige Aussicht über die Wälder und Hügel des Bayerischen Waldes und des Böhmerwaldes zu genießen.

Ab geht es in den Kurven der Achterbahn!

Anfahrt **Öffentlich:** Mit dem Zug nach Dingolfing, von Mai bis Anfang Okt. gibt es dort einen kostenlosen Pendelbus zum Park. **Auto:** Über die A 92, Ausfahrt Dingolfing-Ost, Richtung Reisbach/Bayern-Park.

Informationen Bayern-Park, Fellbach 1, 93339 Riedenburg, Tel. 09442/27 52, www.bayern-park.de.

Öffnungszeiten Mitte April bis Mitte Okt. tgl. 9–17 Uhr (unter der Woche auch kürzer), Juli/Aug. bis 18 Uhr.

Preise Ab 140 cm 18,50 €, Kinder von 100–140 cm 16 €, darunter frei.

Altersbeschränkung Die Fahrgeschäfte unterliegen unterschiedlichen Alters- bzw. Körpergrößenbeschränkungen.

Im Freizeit-Eldorado
Bayern-Park

Kommt mit in das Abenteuerland Bayern-Park! Hier findet ihr vor allem wilde Achterbahnen, bunte Karussells und viele weitere spannungsgeladene Fahrgeschäfte. Fast alle sind im Eintrittspreis inbegriffen – damit könnt ihr fahren bis zum Abwinken …

Der Park ist wirklich für Familien gemacht: nicht zu groß, nicht zu laut und nicht zu wild. Für jedes Alter ist etwas dabei: Die Kleinsten unter euch jubeln laut in der Schweinchenbahn, am Rutschenturm, im Schwanenkarussell, auf den Elektro-Motorrädern oder im Raupenexpress. Probiert auch den Raddampfer oder die Rundbootfahrt aus. Wer dann noch nicht genug hat, tobt im Anschluss über den Spielplatz oder in der Hüpfburg. Bei über 17 Kinderattraktionen finden bestimmt auch die jüngsten Familienmitglieder ihren Lieblingsplatz!

Wer schon größer ist, mag es sicherlich wilder! Für den richtigen Adrenalinkick sorgen rasante Achterbahnen. Auf zum »Freischütz«! Hier geht's langsam in die Höhe, um dann im freien Fall gen Abgrund zu rauschen. Mit 80 Sachen in die Kurven, links, rechts, ein paar Loopings und schnelle Richtungswechsel – das ist sicher nichts für Angsthasen! Etwas ruhiger verläuft die Wildwasserbahn. In Baumstämmen fahrt ihr bergab durch die Flusslandschaft. Feuchtfröhlich, aber ein Riesenspaß, den ihr gleich an der Wildwater-Raftingbahn fortsetzen könnt. Testet auch die Rodelbahnen, das Piraten-Schaukelschiff und die Steilrutschen.

Eine Besonderheit des Bayern-Parks sind die vielen Wildtiere auf dem Gelände. Schaut euch in den Gehegen an, wie Ziegen, Schafe, Rotwild, Ponys, Affen und Luchse leben!

Zweimal täglich um 11 und 15 Uhr gibt es eine Greifvogel-Flugschau mit einem Falkner. Zusätzlich warten verteilt über das Jahr abwechslungsreiche Events auf euch, z. B. das jährlich stattfindende Star-Wars-Spektakel. Wann habt ihr Darth Vader oder Luke Skywalker schon jemals so hautnah erlebt?

121

65 Gruseln auf Burg Trausnitz in Landshut

Seid ihr mutig und denkt, »Schlossgespenster gibt es nicht«? Dann traut ihr euch bestimmt, nachts im Dunkeln eine uralte Burg auszukundschaften! Auf Burg Trausnitz über der Stadt Landshut macht euch dieser Ausflug im Rahmen einer Kinderführung riesig Spaß. Nebenbei hört ihr eine ganze Menge über das damalige Leben auf einer Burg.

Dabei müsst ihr wissen: Die Geisterführung auf Burg Trausnitz ist ausschließlich für Kinder. Erwachsene dürfen nicht teilnehmen! Aber denkt daran, euch vorher anzumelden. Und zieht unbedingt eine warme Jacke an – selbst im Sommer – und eine Taschenlampe sollte auch nicht fehlen. Eure Eltern warten in der Zwischenzeit in der Burgschenke auf euch.

Dann geht es auch schon los: Eure Geisterführung startet am Abend, sobald keine anderen Besucher mehr auf der Burg sind. Ihr lernt das Burgverlies kennen, besichtigt Folterinstrumente, Pranger sowie Weinkeller, erkundet das Ritterklo, werft einen Blick auf die Narrentreppe und mit Glück hört oder seht ihr auch die »weiße Frau«, das Gespenst der Burg Trausnitz.

Das ist euch doch zu gruselig? Dann sucht euch gemeinsam mit den Eltern eine der spannenden Familienführungen aus.

Anfahrt **Öffentlich:** Mit der Bahn nach Landshut, weiter mit Bus 7, Haltestelle »Kalcherstraße«. **Auto:** Über die A 92, Ausfahrt Moosburg-Nord, weiter auf der B 11 nach Landshut/Stadtmitte und von dort zur Burg.

Informationen Burgverwaltung Landshut, Burg Trausnitz 168, 84036 Landshut, Tel. 0871/92 41 10, www.burg-trausnitz.de.

Öffnungszeiten Tgl. April bis Sept. 9–18 Uhr, Okt. bis März 10–16 Uhr. Die Räume der Burg können nur im Rahmen einer Führung besichtigt werden; Termine für Kinderführungen siehe Internet.

Preise Besichtigung im Rahmen der klassischen Führung: Erwachsene 5,50 €, Kinder und Schüler kostenlos; Themenführungen: Erwachsene 11 €, Kinder 6 €; reine Kinder-Themenführung pro Kind 3 €.

Altersbeschränkung Geisterführung 6–10 Jahre, Sagenführung ab 4 Jahren.

Jux und Tollerei im Erlebnispark Voglsam

Im Erlebnispark Voglsam verbringt ihr einen abwechslungsreichen, unterhaltsamen Familientag, der sicher keine Freizeitwünsche offen lässt. Jagt die Sommerrodelbahn hinab, amüsiert euch beim Bauern- oder Fußballgolf, im Hochseilgarten und und, und … Um aufzuzählen, was man alles machen kann, wäre hier kein Platz. Schaut vorbei!

Im Erlebnispark Voglsam sind zahlreiche unterhaltsame Freizeitattraktionen vereint. Die sind so unterschiedlich, dass bestimmt jedem von euch etwas gefällt. Der Park selbst kostet keinen Eintritt. So besucht ihr schon mal alle Tiere absolut gratis. Und natürlich gibt es jede Menge Spielmöglichkeiten, wie eine Hüpfburg, einen Barfußpfad oder einen Abenteuerspielplatz, wo sich Kinder auspowern können.

Dann entscheidet ihr, mit welchem der vielen Angebote ihr beginnen wollt. Es gibt eine Sommerrodelbahn oder die Familien-Kartbahn. Wollt ihr es lieber gemütlicher? Dann spielt doch eine Runde Bauerngolf. Ein Hochseilgarten zwischen den Bäumen mit neun Parcours von einem bis zehn Meter Höhe fordert eure Nerven und euren Mut heraus.

Anfahrt Öffentlich: Mit der Bahn bis Eggenfelden oder Landau an der Isar, weiter mit dem Bus. Auto: Über die A 92, Ausfahrt Landau, weiter über die B 20 nach Süden, dann rechts über Simbach und Arnstorf.

Informationen Erlebnispark Voglsam, Voglsam 1, 84337 Schönau, Tel. 08726/210, www.erlebnispark-voglsam.de.

Öffnungszeiten Mitte April bis Mitte Okt. tgl. 10–18 Uhr, in der Vor- und Nachsaison einige Ruhetage und etwas kürzer geöffnet.

Preise Parkanlage: Eintritt frei; Kartbahn: Einzelfahrt ab 8 €; Kletterpark: Erwachsene 20 €, Jugendliche 12–15 Jahre 16 €, Kinder 6–11 Jahre 12 €; Sommerrodelbahn: Erwachsene (ab 16 Jahren) 2 €, Kinder ab 8 Jahren 1,50 €; Fußballgolf: ab 16 Jahren 5 €, Kinder 4 €; Ballonfahrt: je nach Gruppengröße ab 100 € pro Kind, ab 150 € pro Erwachsener.

Altersbeschränkung Sommerrodeln ab 3 Jahren, bis 8 Jahre nur in Begleitung eines Erwachsenen; Karts ab 6 Jahren und mindestens 120 cm Körpergröße.

In der Museumswerkstatt ist dann eure Kreativität gefragt.

Anfahrt **Öffentlich:** Mit der Bahn nach Ingolstadt, weiter mit dem Bus, Haltestelle »Am Schlossberg«. **Auto:** Über die A 9, Ausfahrt Manching, weiter Richtung Manching, oder über die B 16 nach Manching.

Informationen Kelten Römer Museum Manching, Im Erlet 2, 85077 Manching, Tel. 08459/32 37 30, www.museum-manching.de.

Öffnungszeiten Feb. bis Nov. tgl. außer Mo 9.30–16.30 Uhr, Wochenende/feiertags 10.30–17.30 Uhr, im Dezember und Januar ein Stunde kürzer

Preise Kinder ab 6 Jahren 1,50 €, Erwachsene 5 €, Familienprogramm kostet zusätzlich.

Asterix und Obelix in Manching

67

Ihr mögt die beiden lustigen Comicfiguren aus der Römerzeit? Dann gefällt euch bestimmt das Kelten-Römer-Museum von Manching. Dort erfahrt ihr, wie das Leben wirklich war in der Keltenstadt, dem »Oppidum« von Manching – und was die Römer damals in Bayern tatsächlich gemacht haben.

Es ist immer wieder faszinierend, dass wir – geografisch gesehen – auf so geschichtsträchtigem Boden wohnen. In Bayern lebten vor gut 2000 Jahren viele Römer. Aber vor ihnen waren hier bereits die keltischen Stämme zu Hause. Deren Kultur gibt bis heute noch einige Rätsel auf.

Eines ist sicher: Genau da, wo heute das Kelten-Römer-Museum Manching liegt, war einst der ehemalige Ringwall des Oppidums von Manching. Vor mehr als 2400 Jahren stand hier eine befestigte keltische Stadt. Mit geschätzten 5000 bis 10 000 Einwohnern war das für die damalige Zeit schon fast eine Großstadt. Die Einwohner waren Handwerker und Bauern und betrieben im großen Stil Handel. Dafür nutzten sie auch die Schifffahrt, wegen der günstigen Lage zur Donau.

Bereits im Mittelalter wusste man um die ehemalige Existenz des Oppidums. Intensiv zu graben begann man um 1955. Seitdem hat man viel über die Siedlung der Kelten und ihr Leben erfahren. Und natürlich auch über das Leben der Römer, die erst hierher kamen, als der Ort von den Kelten schon verlassen war.

Besichtigt die nachgebauten Holzhütten, wie die Kelten sie bewohnten. Im hypermodernen Museumsbau findet ihr außerdem viele keltische und römische Fundstücke: Gefäße, Schmuckstücke, Werkzeuge, Waffen und einen sensationellen Goldschatz.

Für einen besonders erlebnisreichen Besuch wählt ihr eine Veranstaltung aus dem Familienprogramm aus und meldet euch dafür an. Kinder dürfen dann in die Museumswerkstatt, wo sie stilgerecht, in römische Tracht eingekleidet werden, Fibel oder Armreifen biegen, Öllämpchen töpfern oder römische Speisen zubereiten.

Gemeinsam durch die Röhre flitzen — ein tolles Familienvergnügen

Anfahrt **Öffentlich:** Mit der Bahn nach München, weiter mit der S-Bahn S 2 nach Altenerding, weiter mit dem Bus. **Auto:** Über die A 9, Ausfahrt Garching-Süd, weiter über Ismaning auf die B 388 nach Erding; oder über die A 92, Ausfahrt Erding.

Informationen Erdinger Therme, Thermenallee 2, 85435 Erding, Tel. 08122/550 50 00, www.therme-erding.de.

Öffnungszeiten Thermenparadies: Mo–Fr 10–23 Uhr, Galaxy Mo–Fr 14–21Uhr, am Wochenende auch früher; weitere Bereiche siehe Internet.

Preise Kinder bis 3 Jahre kostenlos, sonst verschiedene Tarife, z. B. 4-Std.-Ticket ab 21 €, Tageskarte ab 29 €; am Wochenende Aufschla Rabatte für Früh- oder Spätkommer, Kombitickets mit dem MVV.

Europas größtes Rutschenparadies in Erding

Wenn es ein Badeparadies auf Erden gibt, dann liegt es in Erding. Die moderne und riesengroße Erdinger Therme erfüllt einfach alle Familienwünsche. Ob Action oder ausgiebige Erholung – für alle Wasserratten und Meerjungfrauen ist ganz sicher genug dabei, um einen phänomenalen Tag zu verbringen.

Die Erdinger Therme ist ein Bade- und Wellness-Paradies der Superlative. Hier gibt es das größte Saunaparadies der Welt und die größte Wasserrutschen-Anlage in Europa. Und das Schönste ist: Die Überdachungen lassen sich im Sommer teilweise öffnen.

Wer das erste Mal die Therme besucht, wird überwältigt sein angesichts der vielen Besucherbereiche: Es gibt das Wellenparadies, das Galaxy Erding, das Thermenparadies, die Vitaloase, das Royal Spa und das Saunaparadies. Aber für Familien ist es ganz einfach. Mit einer Tageskarte löst ihr automatisch den Zugang zum Wellen- und Thermenparadies und für das Galaxy Erding. Dann seid ihr auch schon mittendrin in der Südsee!

Ihr startet am besten im coolen »Galaxy«. 26 Wasserrutschen warten auf euch. Manche davon sind so wild, dass sie Altersbeschränkungen unterliegen. Doch das Galaxy ist nicht nur etwas für Extremsportler. Auch ohne wahnwitzige Manöver habt ihr irrsinnig viel Spaß. Stürzt euch in die verschiedenen Röhren. Alleine, in Dreierreihen, durch einen Wildwasserstrom oder nur auf der kurzen Wackelrutsche. Für kleinere Kinder gibt es sogar Familienrutschen. Danach geht ihr ins Wellenparadies. Dort schaukelt ihr wild auf und ab zwischen künstlichen Wellenbergen.

Wenn ihr genug Action hattet, marschiert weiter ins Thermenparadies. Dort badet ihr in lichtdurchfluteten Hallen unter Palmen oder in warmen Außenbecken. Viele separate Pools mit Blubber-, Sole- oder Schwefelwasser dienen der Gesundheit. Ebenso das Dampfbad oder die Farblichttherapie. Spätestens wenn sich die Mütter in den 38 °C warmen Jungbrunnen legen und die Väter sich den ersten Drink im Wasser an der Poolbar gönnen, sind alle Familienmitglieder restlos glücklich.

69 Helm auf: Hier machen Kinder den Führerschein

Der Helm wird aufgesetzt, der Motor brummt, der Adrenalinspiegel steigt. Jetzt dürfen die Kids ganz allein ans Steuer. Das Verkehrstraining von Kiddi-Car in Fürstenfeldbruck eignet sich bestens, um hier so ganz nebenbei mit riesig viel Spaß eine ganze Menge für den Straßenverkehr zu lernen.

17 flotte Elektro-Quads und fünf Mini-Autos stehen für Kinder bei Kiddi-Car in Fürstenfeldbruck bereit. Bevor ihr euch aber auf die Straße wagt, müsst ihr zunächst, wie bei einer echten Führerscheinprüfung, in den Theorieunterricht gehen. Das Team von Kiddi-Car lernt euch ein paar Verkehrszeichen und einige wichtige Verkehrsregeln. Dann bekommt ihr eine gründliche praktische Einweisung, damit ihr wisst, wie die Fahrzeuge zu steuern und vor allem zu bremsen sind. Die Quad-Fahrer erhalten noch einen Helm und die Autofahrer legen den Sicherheitsgurt an. Dann kann es schon losgehen!

Ihr fahrt natürlich nicht auf einer echten Straße, sondern auf dem eigens angelegten, aber sehr realistischen Verkehrsübungsplatz. Trotzdem gibt es auch hier Kreuzungen, Vorfahrtstraßen, Ampeln, Stopp-Schilder, Zebrastreifen und Einbahnstraßen. Eine Fahrt dauert etwa fünf Minuten. Dabei vergeht die Zeit wie im Flug.

Anfahrt Öffentlich: Mit der Bahn nach München, weiter mit der S-Bahn S 4, Haltestelle »Fürstenfeldbruck«, weiter mit dem Bus oder ca. 2 km Fußweg. **Auto:** Über die B 2 oder B 471, Ausfahrt Füstenfeldbruck Mitte, Parkplätze vorhanden.

Informationen Kiddi-Car, Theodor-Heuß-Str. 7, 82256 Fürstenfeldbruck, Tel. 08141/ 422 38, www.kiddicar.de.

Öffnungszeiten April bis Okt. Sa/So/feiertags/Ferien 14–18 Uhr.

Preise Einzelfahrt 4,30 €, 6er-Fahrt 23 €, Kinderparcours ab 4 Jahren 8 €.

Altersbeschränkung Nur für Kinder von 6–12 Jahren, jüngere nur als Beifahrer.

Mit dem Raddampfer ins Labyrinth

Kennt ihr Tom Sawyer und Huckleberry Finn? Die sind zwar nicht auf dem Ammersee, sondern auf dem Mississippi unterwegs, aber auch bei uns gibt es Raddampfer. Und durch die Wildnis schlagen wie die beiden jungen Abenteurer könnt ihr euch ebenfalls – im bizarren Pflanzenlabyrinth »Ex Ornamentis«.

Zum Start für die nostalgische Raddampferfahrt gibt es mehrere Anlegestellen. Am besten sucht ihr euch vorher schon die Fahrzeiten der Raddampfer aus dem Internet. Dann auf zum Steg und rauf auf das Schiff. Fans historischer Schiffe bevorzugen die 1908 erbaute »Dießen«, den ältesten bayerischen Raddampfer.

Um das Pflanzenlabyrinth zu besuchen, steigt ihr in Utting aus. Ein kurzer Fußmarsch nach Norden entlang des Seeufers bringt euch zum verwunschenen Labyrinth »Ex Ornamentis«. Es besteht aus Mais, Hanf, Sonnenblumen, Strohballen und verschiedenen Blumen. Jedes Jahr wechseln die spektakulären Themenmotive, die aber erst aus der Luft richtig gut erkennbar sind. Im Labyrinth löst ihr verzwickte Suchspiele. Findet den richtigen Weg durch die grünen Stängel – dieses amüsante Abenteuer ist immer einen Zwischenstopp auf eurer Dampferfahrt wert!

Anfahrt **Öffentlich:** Mit der Bahn nach Dießen oder mit der S-Bahn ab München nach Herrsching. **Auto:** Über die A 96, für den Startplatz Herrsching die Ausfahrt Inning und für den Startplatz Dießen die Ausfahrt Greifenberg nehmen, dann jeweils am Ufer entlang Richtung Süden.

Informationen Bayerische Seenschifffahrt, Tel. 08143/94 00 21, www.seenschifffahrt.de; Ex Ornamentis, Freizeitgelände Utting, 86919 Utting, Tel. 08192/93 46 83, www.exornamentis.de.

Öffnungszeiten Schifffahrt: Ostern bis Mitte Okt.; Labyrinth: Ende Juli bis Ende Sept.

Preise Große Rundfahrt: Erwachsene 17 €; kleine südliche Rundfahrt: Erwachsene 10,50 €, Kinder 6–17 Jahre die Hälfte; Labyrinth: Erwachsene 6 €, Kinder 5–11 Jahre 5 €.

Vergesst eure Ferngläser für den Besucherhügel nicht!

Anfahrt **Öffentlich:** Mit der Bahn nach München, weiter mit den S-Bahnen S1 oder S8 zum Flughafen, Haltestelle »Besucherpark«. **Auto:** Autobahn A 92 zum Flughafen, der Beschilderung »Besucherpark« folgen, Parkplatz P51 (gebührenpflichtig).

Informationen Airport Touren, Flughafen München, Besucherpark, 85356 München, Tel. 089/97 54 13 33, www.munich-airport.de.

Öffnungszeiten Besucherpark: bis auf wenige Feiertage ganzjährig geöffnet, Airport-Touren verschiedene Termine, z. B. Kindertour So und tgl. in den Ferien 14.30 Uhr.

Preise Besucherpark kostenlos; Besucherhügel 1 €; Airport-Tour oder Kindertour: Erwachsene 9 €, Kinder von 5–14 Jahren 5 €.

Altersbeschränkung Kinder-Airport-Tour (bis 8 Jahre) nur in Begleitung eines Erwachsenen.

Fühlt sich wie fliegen an: Der Flughafen München

Für alle großen und kleinen »Herren und Damen der Lüfte« ist dies der ultimative Ausflugstipp. Alles geht hier und heute ums Fliegen, um Flugzeuge und ein wenig ums Reisen. Werft einen Blick hinter die Kulissen des Flughafens München und erlebt, wie so ein gigantischer Flughafen eigentlich funktioniert.

Im Besucherpark des Münchner Flughafens dreht sich alles sehr unterhaltsam um den (Arbeits-)Ablauf an einem Flughafen. Im neu umgebauten, modernen Ausstellungsbereich erfahrt ihr interaktiv ganz viel über jeden Bereich des riesigen Münchner Flughafens.

Draußen auf dem Gelände des Besucherparks entdeckt ihr aber noch viel mehr. Besichtigt die historischen Flugzeuge, die DC-3, Ju 52 und die Lockheed Super Constellation, gegen eine kleine Gebühr auch von innen. Oder ihr testet den Flugsimulator. Außerdem gibt es einen großen Spielplatz mit Baggern, Sprungnetzen, Trampolinen, Minigolfplatz und einem knapp sechs Meter hohen Kletter-Rutsch-Tower.

Wenn ihr auf den 28 Meter hohen Besucherhügel steigt, erlebt ihr live die Flugzeuge beim Starten und Landen. Vor allem abends bei Dämmerung, wenn die Lichter leuchten, ist dies wunderschön.

Das größte Highlight sind jedoch die Airport-Touren. Mit ihnen habt ihr die einmalige Gelegenheit, hinter die Kulissen des Flughafenbetriebs zu schauen. Wichtig: Ihr braucht dafür eure Personalausweise! Eine Tour dauert etwa 50 Minuten und geht in einem Flughafenbus fast über das ganze Gelände. Nach der Personenkontrolle am Haupttor fahrt ihr über das Vorfeld, vorbei an den Flugzeugen, der Satellitenanlage zum Neubau des Lufthansa-Terminals. Ihr besucht die Feuerwache, die Wartungshallen und die Tankanlagen.

Es gibt aber auch spezielle Touren, die euch z. B. zum neuen Flugzeugriesen, dem Airbus 380 führen, oder die beliebten Lichterfahrten in der Vorweihnachtszeit. Spannend ist außerdem eine Führung zum Zoll oder zur Flughafen-Feuerwehr.

72 Erlebnisbauernhof und Ponyreiten für junge Cowboys

»Schneewittchen«, »Hanuta«, »Luigi«, »Raphaelo« und viele andere Ponys begrüßen euch auf dem Reitsberger Erlebnishof in Vaterstetten bei München. Schon die kleinsten Kinder ab drei Jahren können hier völlig unkompliziert reiten. Durchkämmt dazu das weitläufige Bauernhofgelände und lasst euch im Wirtshaus Landlust verwöhnen.

Einen ausgesprochenen Wohlfühltag für Eltern und Kinder im Grünen, das bietet der Erlebnisbauernhof Reitsberger Hof. Bummelt doch zunächst einmal über das Gelände. Hier leben viele Tiere und ihr könnt sie alle besuchen. Kühe, Kälbchen, Schafe, Ziegen, Enten, Hühner und Gänse. Dazu viele Ponys, Esel und das nette Maultier »Esmeralda«. Alle Ställe stehen offen und natürlich dürft ihr die Tiere, wenn sie mögen, streicheln. Am besten nehmt ihr an einer Führung teil, die ihr vorher vereinbart. Außerdem gibt es einen großzügigen Spielplatz mit Rutschen, Schaukeln und einem großen Sandkasten.

Wenn ihr Hunger und Durst habt, könnt ihr im Wirtshaus »Landlust« einkehren. Die Wartezeit auf das Essen wird gerade für Kinder in dieser spannenden Umgebung zum Kinderspiel.

Danach macht ihr euch auf zum Ponyreiten. Das heißt, die Kinder reiten und die Erwachsenen führen das Pferd. Viel Spaß mit den liebenswerten Vierbeinern!

Anfahrt Öffentlich: Mit der Bahn nach München, weiter mit der S-Bahn S 4, Haltestelle »Vaterstetten«, 10 Min. Fußweg. Auto: Über die A 99, Ausfahrt Vaterstetten, weiter nach Vaterstetten.

Informationen Reitsberger Erlebnishof, Baldhamer Str. 99, 85591 Vaterstetten, Tel. 08106/52 77, www.reitsberger-hof.de.

Öffnungszeiten Erlebnisbauernhof: Di Ruhetag, sonst tgl. 10–18 Uhr; Ponyreiten: Fr–So 14–16 Uhr.

Preise 1/2 Std. Ponyreiten 10 €, wenn die Eltern das Pony führen, 15 €, wenn es vom Personal geführt werden soll. Anmeldung empfohlen.

Unterm Blätterdach auf dem Waldspielplatz Pöring

In Pöring, einem Stadtteil der Gemeinde Zorneding bei München, liegt dieser wunderbare Waldspielplatz mitten im Grünen. Genau richtig für abenteuerlustige Kinder, die gerne im Freien toben und spielen – während die Eltern grillen und das Picknick vorbereiten. Und das Beste: Das Ganze ist völlig kostenlos.

Unter dem herrlichen Blätterdach des Pöringer Waldes wurde dieser traumhafte Spielplatz mit vielen Spielmöglichkeiten für große und kleine Kinder errichtet. Es ist ein optimaler Platz für alle naturverbundenen Familien, die gerne im Grünen unterwegs sind. Gerade an heißen Tagen im Sommer ist es hier, mitten im Wald, angenehm kühl.

Auf die Kinder warten Kletternetze, Baumhaus, Röhrenrutschen, Reifenschaukeln, Tischtennisplatte, Seilbahn und Sandkasten. Erkundet all die tollen Angebote. Fürs Tischtennisspielen müsst ihr allerdings selbst Ball und Tischtennisschläger mitbringen.

Neben den Spiel- und Klettermöglichkeiten gibt es jede Menge hölzerne Bänke und Tische, sodass auch einem richtigen Waldpicknick nichts im Wege steht. Überdies steht euch dort ein großer Grillplatz zur Verfügung. Bringt doch einfach etwas Grillkohle und euer Lieblings-Grillgut mit, dann könnt ihr euch nach einem aufregenden Tag stärken. Solltet ihr vom Regen überrascht werden, steht sogar eine kleine Schutzhütte bereit.

Für die Eltern eine »Warnung« vorneweg: Ihr könnt das Navi im Auto schon mal programmieren, weil sicherlich alle wiederkommen wollen.

Anfahrt Öffentlich: Mit der Bahn nach München, weiter mit der S-Bahn S 4 nach Zorneding, dann 15 Min. Fußweg. **Auto:** Über die A 99, Ausfahrt Haar/Vaterstetten, weiter auf der B 304 nach Zorneding, dort links in den Ortsteil Pöring nördlich der S-Bahn-Linie, Parkplätze vorhanden.

Informationen Waldspielplatz Pöring, am Ende der Hubertusstr., 85604 Zorneding, www.zorneding.de.

Öffnungszeiten Täglich von Sonnenauf- bis Sonnenuntergang.

Ganz nah kommt ihr heute den Tieren

Anfahrt

Öffentlich: Mit der Bahn nach Aying, nur wochentags weiter mit dem Bus, Haltestelle »Blindham«; oder mit der Bahn nach München, weiter mit der S 7, Haltestelle »Großhelfendorf«, dann 3,5 km langer Fußweg.
Auto: Über die A 8, Ausfahrt Hofoldinger Forst, Richtung Aying, vor Aying rechts auf die St 2078 Richtung Rosenheim, abbiegen nach Blindham.

Informationen

BergTierPark Blindham, Blindham 3, 85653 Aying, Tel. 08063/20 76 38, www.bergtierpark.de.

Öffnungszeiten

Im Sommer tgl. 9–20 Uhr, im Winter tgl. 10–18 Uhr.

Preise

Erwachsene ab 5 €, Kinder bis 12 Jahre 4 €.

Tierische Gaudi im BergTierPark Blindham

Hier kommt ihr unseren heimischen Tieren ganz nahe. Und sicher habt ihr Lust zu spielen, herumzusausen und Spaß zu haben: Im BergTierPark Blindham gibt es außer dem Wildtierpark seit Neuestem einen riesengroßen Spielstadel.

Etwas abseits der Straße thront auf einem Hügel der kleine, aber sehr feine BergTierPark Blindham. Ihn schätzen gerade Familien mit kleineren Kindern, denn er ist übersichtlich und nicht so überfüllt. So hat man die Kleinen gut im Blick. Aber auch für größere Kinder gibt es im Park genügend Anreize. Es kommt bestimmt bei keinem Langeweile auf.

Für euren Rundgang startet ihr vom höchsten Punkt aus. Dort liegt auch das nette Park-Café. Zu dessen Füßen findet ihr die Gehege. Schaut euch die seltenen Haustierrassen an, z. B. das Braune Bergschaf, das Schwäbisch-Hällische Landschwein, die Pinzgauer Kühe oder die Walliser Schwarzhalsziege. Beobachtet Streifenhörnchen, Esel, Rotwild, Hirsche und Mufflons. In den Teichen schwimmen Enten und Gänse, aber auch ein Nutria, ein Sumpfbiber aus Südamerika. Die Wildschweine suhlen sich im Schlamm und die Rotwildherde ist nicht besonders scheu. Geht einfach mitten durch ihr Gehege. Es ist ein unübertreffliches Gefühl, den Tieren so nahe zu sein, besonders im Frühjahr, sobald der Nachwuchs da ist!

Sucht ihr den direkten Kontakt, dann hinein ins Streichelgehege zu den Ziegen und Schafen! Die Größeren unter euch starten vielleicht zu einer Parkrallye oder erobern den Abenteuerspielplatz. Mit Karussell, Sandspielplatz, Schaukeln, Schwingseilen, Drehscheiben, Bungee-Trampolin und geführtem Ponyreiten vergeht die Zeit wie im Flug.

Bei Hunger und Durst steigt ihr wieder zum Park-Café hinauf. Dort genießt ihr die leckere Küche und habt eine sagenhafte Aussicht. Außerdem gibt es auf dem Gelände schön gelegene Grillstellen. Die sind für jedermann. Nur Grillkohle und Grillgut bringt ihr selbst mit. Brandneu ist der Spielstadel im dazugehörigen Bauernhof des BergTierParks.

Früh übt sich, wer ein richtiger Klettermax werden möchte.

Anfahrt **Öffentlich:** Mit der Bahn nach Prien am Chiemsee, weiter mit dem Bus, Haltestelle »Stock«. **Auto:** Über die A 8, Ausfahrt Bernau, weiter Richtung Prien. Am Kreisverkehr vor Prien rechts der Beschilderung zum Krankenhaus folgen. Parken am Parkplatz »Badeplatz«.

Informationen Kletterwald Prien, Harrasser Str. 39, 83209 Prien, Tel. 08051/965 08 85, www.kletterwald-prien.de.

Öffnungszeiten Sehr unterschiedlich, siehe Webseite.

Preise Erwachsene 22 €, Kinder 7–12 Jahre 16 €, 13–17 Jahre 18 €, Kinderparcours ab 4 Jahren 8 €.

Altersbeschränkung Ab 4 Jahren; für die Parcours unterschiedliche Anforderungen an Alter oder Mindestkörpergröße.

Mut beweisen im Kletterwald Prien

75

Zwischen den Baumwipfeln bei Prien erwarten euch 13 Parcours und 110 erfindungsreiche Hindernisse. Sogar die allerjüngsten Kinder – ab vier Jahren – sind im größten Kletterwald am Chiemsee herzlich willkommen. Hier macht die ganze Familie mit. Langeweile ist ausgeschlossen!

Hochspannung, Herzklopfen und ein bisschen Nervenkitzel gehören im Kletterwald Prien dazu. Hier klettert ihr zwischen den Bäumen von Hindernis zu Hindernis. Spannende und lustige »Schikanen« fordern euch heraus. Ihr überwindet Spinnennetze, Hängebrücken, Wackelbalken oder Tunnels. Auch Seile, Kletterwände, Leitern oder Trapeze stehen euch im Weg. Aber keine Angst. Die einzelnen Parcours unterliegen verschiedenen Schwierigkeitsstufen.

Die Kleinsten starten in der Indianer-Runde, dann folgen Baumhaus-, Hängebrücken- und Spinnennetz-Parcours. Der ultimative Kick ist die Shaolin-Tour oder der Pamper-Pole. Wagt ihr es, euch todesmutig, aber natürlich hundertprozentig gesichert, von einem neun Meter hohen Pfahl zu stürzen? Nur Fliegen ist schöner!

Natürlich bekommt ihr eine ausführliche Einweisung. Die Sicherheit liegt den Betreibern sehr am Herzen. Sie unterstützen euch mit einem verantwortungsbewussten Heranführen an den Klettersport. Denn ihr durchlauft den Parcours eigenverantwortlich im Selbstsicherungsmodus mit zwei Karabinern. Das Ein- und Ausklinken ist schnell gelernt. Die Karabiner gehören zu einem ausgeklügelten Sicherheitskonzept: Der zweite lässt sich gar nicht erst öffnen, solange der erste noch nicht wieder richtig an der Sicherheitsleine befestigt ist. Viel Spaß!

ANTENNE BAYERN TIPP

Am Chiemsee nehmen die Ausflugsmöglichkeiten für Familien kein Ende. Packt auf jeden Fall Badesachen ein. Im Sommer winkt der See, ansonsten das nahe Schwimmbad Prienavera. Oder ihr dreht eine Runde mit den Chiemsee-Schiffen.

Nur erlesene Zutaten werden in der Confiserie Dengel verarbeitet.

Anfahrt **Öffentlich:** Mit der Bahn nach Rott am Inn, dann 10 Min. zu Fuß. **Auto:** Über die A 8, Ausfahrt Rosenheim, weiter auf der B 15 Richtung Wasserburg, direkt an der B 15 gelegen.

Informationen Confiserie Dengel, Zainach 15-17, 83543 Rott am Inn,

Tel. 08039/ 901 50 60, www.confiserie-dengel.de.

Öffnungszeiten Mo-Sa 8-18 Uhr, So 9-18 Uhr, beste Tage für Führungen Mi, Fr 14 Uhr.

Preise Besucherpark: Erwachsene mit Kindern ab 2 Jahren je 2,50 €; Schokoland: 2,50 €.

Auf Wolke sieben: Das Schokoland in Rott am Inn

Die ganze Zeit habt ihr diesen süßen Duft in der Nase. Schokolade! Im tollen Besucherpark der Confiserie Dengel in Rott am Inn gibt es mehr Schokolade und Pralinen, als ihr euch je erträumt habt. Ihr dürft probieren und erfahrt, wie aus einer kleinen Kakaobohne all diese Köstlichkeiten entstehen.

Für Schokoladenfans ist der Ausflug zur Confiserie Dengel eine informative wie kulinarische Reise ins Schlaraffenland. Denn hier, am Firmensitz, wurden ein Genießer-Laden samt Kaffeehaus und ein extrafeiner Besucherpark gebaut.

Besichtigt doch zuerst das Schokoland. Hier erfahrt ihr alles vom weiten Weg der Kakaobohne, ihrer Verarbeitung zur Schokoladentafel und der großen Kunst der Chocolatiers. Taucht ein in die süß duftende Welt, denn gute Schokolade wird nur mit Leidenschaft kreiert. Zudem seht ihr liebevoll gestaltete Schokoladen-Kunstwerke wie die Münchner Frauenkirche.

Kinder lieben den Abenteuerspielplatz. Dort können sie toben, spielen, rutschen und schaukeln. Auch für Größere ist einiges geboten. Spielt eine Runde Badminton oder Basketball oder versucht euch an dem großen Schachfigurenbrett. Bälle und Schläger leiht ihr euch gegen Pfand im Café. Überdies gibt es eine große Trampolinanlage sowie Dreiräder und Roller. Wenn es heiß ist, kühlt euch eine Wassernebelanlage.

Vielleicht schafft ihr es, euch einer Werksbesichtigung anzuschließen. Die Führungen gibt es fast täglich für Gruppen, zu denen ihr dazustoßen könnt. Jeden Mittwoch und Freitag gibt es um 14 Uhr einen Termin für Einzelgäste. Egal wann, ihr solltet euch immer vorher anmelden! Die Führungen sind unschlagbar, wenn es darum geht, euer Schokowissen zu erweitern. Sehr unterhaltsam werdet ihr in die Geheimnisse der Pralinenherstellung eingeweiht. Während ihr den köstlichen Duft in der Nase habt, dürft ihr dann natürlich auch kosten und genießen.

Das geht aber auch im hauseigenen Café bei erlesenen Kaffeespezialitäten und leckeren Kuchen. Wer wird hier und heute Kalorien zählen?

Ganz schön groß und gefährlich ist so ein Haifischgebiss.

Anfahrt **Öffentlich:** Mit der Bahn nach Siegsdorf. **Auto:** Über die A 8, Ausfahrt Siegsdorf; viele Parkplätze am Bahnhof.

Informationen Südostbayerisches Naturkunde- und Mammut-Museum Siegsdorf, Auenstr. 2, 83313 Siegsdorf, Tel. 08662/133 16, www.museum-siegsdorf.de.

Öffnungszeiten Ostern bis Allerheiligen tgl. 10–18 Uhr, Nov. bis Weihnachten nur So 10–17 Uhr, Weihnachts-/Faschingsferien 10–17 Uhr, in der Zeit dazwischen Mi/So 10–17 Uhr; Mitte Mai bis Mitte Okt. jeden Do Programm im SteinZeitGarten.

Preise Erwachsene 7 €, Kinder von 6–18 Jahren 4 €.

»Ice Age« mitten in Bayern mit Bär und Mammut

Versetzt euch in die fesselnde und geheimnisvolle Welt der Steinzeit! Werdet selbst zum richtigen Steinzeitmenschen, der für sein tägliches Überleben sorgt – beim Brotbacken, Herstellen von Tongefäßen oder auch Schürfen nach Bodenschätzen. Aber besucht unbedingt auch »Rudi« – im Naturkundemuseum in Siegsdorf!

Wer ist denn Rudi? Ganz einfach: Rudi ist das Maskottchen des Naturkunde- und Mammut-Museums Siegsdorf … und er ist ein riesiges Mammut. Sogar ein echt bayerisches Mammut! Seinen Namen verdankt er dem Fundort im nahen Gerhartsreiter Graben bei Rudhart. Ihr findet Rudi gleich vor dem Museum. Dort ist er aber nur nachgebaut – allerdings in seiner Originalgröße.

Den echten Rudi schaut ihr euch bei dem äußerst spannenden Rundgang durch das Museum an. Hier dreht sich alles um die geologischen Besonderheiten des Chiemgaus und um seine Fossilien, zum Teil aus der Eiszeit. Was sich wie staubtrockener Museumsstoff anhört, ist hier packend, interaktiv und lebendig präsentiert. »Siegi«, die Museumspuppe, begleitet euch durch die Räume.

Im Keller beginnt ihr als Höhlenforscher und im Erdgeschoss erkundet ihr das einstige Adelholzener Meer mit seinen Versteinerungen. Dabei entdeckt ihr nicht nur einzelne Haifischzähne, sondern steigt selbst in das riesige Gebiss eines Haies ein. Einen Stock höher seid ihr dann in der Eiszeit angekommen. Hier findet ihr das Herzstück des Museums: das Original-Skelett von Rudi, dem Mammut. An den Wänden hängen die einzelnen, 40 000 Jahre alten Knochen. Lest unbedingt die spannende Geschichte seiner Entdeckung und Bergung.

Der beste Tag, um Rudi zu besuchen, ist übrigens der Donnerstag. Da ist dann im angeschlossenen »SteinZeitGarten« richtig viel los. Das Feuer brennt und das »Steinzeit-Personal« kümmert sich um »Ice Age«-Aktionen. Sie lassen sich immer wieder etwas Neues einfallen und alle Besucher machen mit. Ihr auch?

Für dieses »Riesenrad« müssen die anderen fleißig Fahrrad fahren.

Anfahrt **Öffentlich:** Mit der Bahn nach Prien, weiter mit dem Bus bis Marquartstein, Haltestelle »Rathaus«, danach 2,5 km langer Fußweg. **Auto:** Über die A 8, Ausfahrt Bernau, weiter auf der B 305 Richtung Reit im Winkl. In Marquartstein am Rathaus rechts halten.

Informationen Märchenerlebnispark Marquartstein, Jägerweg 14, 83250 Marquartstein, Tel. 08641/71 05, www.maerchenpark.de.

Öffnungszeiten Ab Beginn der Osterferien bis Ende der Herbstferien tgl. 9–18 Uhr.

Preise Erwachsene 9,50 €, Kinder ab 90 cm und bis 13 Jahre 8 €.

Bezaubernder Märchenerlebnispark Marquartstein

Der Vergnügungsvielfalt sind kaum Grenzen gesetzt im sagenhaften Märchenerlebnispark Marquartstein mitten im Herzen des Chiemgaus. Ob ihr die Sommerrodelbahn hinunterjagt, den Wildpark durchstreift, den Sand-Bauplatz umgrabt oder Märchenfiguren zum Leben erweckt – für abwechslungsreiche Unterhaltung ist gesorgt!

Direkt an den Ausläufern der Hochplatte, neben dem Schloss Niedernfels, liegt der Märchenpark mit herrlicher Sicht auf die umliegenden Berge. Diese optimale Hanglage wurde für den Bau einer Sommerrodelbahn genutzt. Über fünf steile Kurven fegt ihr – allerdings nur, wenn ihr über acht Jahre alt seid – allein ins Tal. Die Jüngeren unter euch sitzen bei den Großen im Rodel. Das erleichtert euch in diesem Fall das Hinaufziehen des Schlittens zum Startplatz. Denn das müsst ihr ohne Lift schaffen.

Überhaupt ist heute die Muskelkraft der Eltern oder größeren Geschwister gefragt. Einige der Karussells im Park werden nur durch ein Fahrrad oder Laufband in Schwung gebracht. Da müssen sich die Großen mächtig ins Zeug legen und ein paar Schweißtropfen opfern. Aber ihr habt mit Sicherheit jede Menge Spaß!

Neben der Sommerrodelbahn lockt ein Rundweg den Hang hinauf. Dabei ist euer nächster Stopp am großen Wasserspielplatz. Hier könnt ihr Wasser pumpen, es über Kanäle umleiten, um es dann hangabwärts fließen zu lassen. Eine feuchtfröhliche Gaudi! Vergesst bitte Wechselkleidung nicht. Weiter oben stoßt ihr auf die Hexenschule, dann auf den Wildpark und schließlich erreicht ihr einen traumhaften Picknickplatz.

Habt ihr genug gerastet, gilt es, den Abenteuerspielplatz mit Trampolins, Schwingseil, Schaukeln und Wippen in Beschlag zu nehmen. Und am überdachten Sand-Bauplatz wartet ein ganzes Arsenal an Baggern, Schaufeln und Schubkarren auf kleine Baumeister.

Natürlich besucht ihr auch den Streichelzoo und den Märchenpark. Lasst Rumpelstilzchen auf Knopfdruck springen oder versucht, König Arthurs Schwert Excalibur aus dem Felsen zu ziehen.

Am großen Wasserrad der Bleyersäge beginnt die Wanderung.

Anfahrt **Öffentlich:** Mit der Bahn nach Kiefersfelden, weiter mit dem Wachtlexpress, Infos zu Fahrzeiten im Internet; ansonsten über 1 Std. zusätzliche Wanderung. **Auto:** Über die A 8, weiter auf die Inntal-Autobahn A 93, Ausfahrt Kiefersfelden. Wer mit der Wachtlbahn fährt, parkt in der Ortsmitte, sonst Weiterfahrt in die Thierseestraße bis zu ihrem Ende.

Informationen Touristinfo Kiefersfelden, Rathausplatz 1, 83088 Kiefersfelden, Tel. 08033/97 65 27, www.tourismus-kiefersfelden.de.

Öffnungszeiten Wachtlbahn: Nur an der Sommerwochenenden, Fahrplan siehe Internet. Schopperalm: 1. Mai bis Kirchweih tgl. ab 9 Uhr, Mo Ruhetag; Nov. bis März nur am Wochenende.

Preise Wachtlbahn: Hin- und Rückfahrt 6 €

Gurgelndes Wasser und tiefe Abgründe

79

Eine außerordentlich reizvolle Wanderung durch eine imposante Klamm zu einer super familienfreundlichen Alm – was wollt ihr mehr? Am besten startet ihr euren Ausflug mit einer Fahrt in der historischen Wachtlbahn. Eine kurzweilige und aufregende Tagestour für die gesamte Familie!

Die kleine Wachtlbahn ist eine historische Schmalspur-Eisenbahn, die im Sommer und nur an den Wochenenden fährt. Legt euren Ausflug daher am besten auf einen Tag, an dem sie im Einsatz ist. Dann startet ihr direkt an der Wachtlbahn in Kiefersfelden. Genießt entspannt die ersten Kilometer auf den nostalgischen Holzbänken des Zuges. Die Fahrt führt euch entlang der Thierbachstraße nahe des Kiefernbaches bis zur Haltestelle »Gießenbachklamm«. Dort ist der Startpunkt eurer Wanderung. Wer keinen »Wachtlbahn-Tag« erwischt, parkt am besten gleich am Ende der Thierbachstraße.

Ihr folgt der Beschilderung zur Gießenbachklamm entlang des Baches. Richtig spannend wird es dann nach dem kleinen E-Werk-Häuschen am Beginn der Klamm. Noch in Wassernähe werft ihr einen ersten Blick in die engen Felsspalten. Dann müsst ihr erst mal Treppen steigen. Steil führt der Weg am Rande der Klamm aufwärts und schließlich wandert ihr auf einem schmalen Felsband hoch über dem gurgelnden Wasser.

Traut euch und schaut in die Tiefe! Ein Geländer sichert euch vor dem Abgrund. Die Kraft des Wassers hat viele Becken geschaffen. Überall von den Wänden tropft es und Moose und Farne klammern sich an die Felsen. Schließlich erreicht ihr an einem Mini-Stausee das Ende der Klamm. Jetzt seid ihr gleich an der Schopperalm. Der beste Platz zum wohlverdienten Einkehren. Ein großer Spielplatz mit Wasser- und Matschstellen beschäftigt Kinder stundenlang. Außerdem gibt es ein Streichelgehege und eine kleine Bobbycar-Downhill-Piste.

Zurück nehmt ihr entweder den Hinweg oder wählt die längere Rundtour über die Brücke und den Weiler Trojer, die bestens ausgeschildert ist.

Im Moment des Abflugs schnellt der Puls nach oben.

Anfahrt **Öffentlich:** Mit der Bahn nach Oberaudorf, 10 Min. Fußweg. **Auto:** Über die A 93, Ausfahrt Oberaudorf.

Informationen Hocheck-Bergbahn, Carl-Hagen-Str. 7, 83080 Oberaudorf, Tel. 08033/303 50, www.hocheck.com.

Öffnungszeiten Bergbahnen tgl. ab Pfingsten bis Kirchweihmontag 9.30–17 Uhr, Oberaudorfer Flieger am Wochenende 13–16.30 Uhr; Winterbetrieb bei Schnee.

Preise Einzelfahrt Bergbahn: Erwachsene 5,90 €, Kinder 4,70 €; Oberaudorfer Flieger: Erwachsene 19,90 €, Kinder 15,90 €, dann Rabatt für Lifttickets; Sommerrodelbahn bei Bergfahrt inklusive. Im Winter ist Rodeln natürlich auch gratis!

Altersbeschränkung Oberaudorfer Flieger: ab 8 Jahren und 130 cm Körpergröße bzw. 31 kg (bis max. 125 kg); Sommerrodelbahn: erst ab 8 Jahren allein.

Den Oberaudorfer Hausberg runter wie ein Vogel

Stellt ihr euch manchmal vor, wie ein Vogel durch die Lüfte zu gleiten? Dann erfüllt euch diesen Wunsch im Oberaudorfer Flieger auf dem Hocheck im Inntal. Dort wandert ihr in einer Traumkulisse und kombiniert das Ganze mit actiongeladenen Freizeitangeboten für die ganze Familie.

Der Hausberg von Oberaudorf ist das Hocheck. Dort hinauf führt das ganze Jahr über ein Sessellift. Und das Hocheck ist ein richtiger Erlebnis-Freizeitberg. Dort wird der Spaßfaktor ganz groß geschrieben.

Natürlich marschieren die Sportlichen unter euch zu Fuß nach oben. Es gibt die unterschiedlichsten Wanderwege, je nachdem, wie viel Kondition, Lust und Ausdauer ihr habt. Als kurze Tour für Familien ist der Sagenweg ab der Bergstation zu empfehlen. Von dort zeigt sich auch das schöne Panorama über das Inntal auf den Wilden Kaiser.

Dann beginnt die Action! Flitzt doch mit der Sommerrodelbahn das Hocheck hinunter. Die Abfahrt von der Mittelstation führt über viele Kurven und zwei Jumps rasant und schnell nach unten. Ein Highlight ist der 16 Meter hohe 360°-Kreisel, bei dem ihr die Fliehkräfte in euren Bobs so richtig zu spüren bekommt. Da vergeht euch Hören und Sehen!

Oder ihr entscheidet euch für den Waldseilgarten. Er liegt wenige Minuten von der Bergstation entfernt. Hier dürfen auch schon die kleinsten Kraxelzwergerl in Begleitung der Eltern auf den Kletterparcours.

Aber es gibt noch ein besonders wildes Abenteuer auf dem Hocheck: Seid ihr bereit für ein Take-off mit dem Oberaudorfer Flieger? Dabei handelt es sich nicht um einen Gleitschirmflug. Nein, vielmehr fliegt ihr, nur an einem Drahtseil befestigt, von der Abflugrampe an der Mittelstation rund 700 Meter in der Direttissima hinunter zur Talstation. Da erreicht ihr schon mal 80 Stundenkilometer einschließlich weicher Knie und Herzklopfen. Aber vergesst nicht, während des Fluges zu lächeln, denn ihr werdet fotografiert. Das Ergebnis könnt ihr euch aufs Smartphone schicken lassen. Also: Keep smiling, ready for take-off!

Blick auf Oberaudorf

Auf der Schliersbergalm

Anfahrt **Öffentlich:** Mit der Bahn nach München, weiter mit der BOB-Bahn bis Bahnhof Schliersee, dann 10 Min. Fußweg zur Talstation. **Auto:** Über die A 8, Ausfahrt Weyarn, weiter über Miesbach zum Schliersee; Parken an der Bahn oder am Bahnhof.

Informationen Schliersbergalm, 83727 Schliersee, Tel. 08026/67 23, www.schliersbergalm.de.

Öffnungszeiten Schliersbergbahn jede Viertelstunde 8.30–22 Uhr, im Winter nur bis 18 Uhr; Sommerrodelbahn nur bei trockener Witterung.

Preise Einzelfahrt Seilbahn oder Sommerrodelbahn: Erwachsene 5 €, Kinder 2–7 Jahre 3 €, Jugendliche 8–14 Jahre 4 €, im Kombi günstiger. Schwimmbad 3 €, Trampolin 1 €, Alpenroller 2 €.

Altersbeschränkung Kinder unter 8 Jahren dürfen nur in Begleitung eines Erwachsenen rodeln.

Action auf der Schliersbergalm

In brillanter Aussichtslage thront die Schliersbergalm hoch über dem Schliersee. Sie ist ein hervorragendes Wanderziel für Familien mit Kindern. Viele lockende »Zuckerl« wie die Sommerrodelbahn oder die zahlreichen Spielmöglichkeiten am Berg haben noch jeden Sprössling zur Bergziege gemacht.

Die Wanderung zur Schliersbergalm lohnt sich absolut. Denn oben erwartet euch ein großes Freizeit-Eldorado, für das ihr unbedingt genügend Zeit einplanen solltet. Falls es doch einmal ganz schnell gehen muss, führt eine Seilbahn nach oben, mit deren Hilfe ihr die 300 Höhenmeter bequem bewältigt.

Aber besser heißt es heute: aktiv sein! Für den schnellsten Weg wandert ihr zunächst auf dem Dekan-Maier-Weg und dann über die breite Almstraße in vielen Kehren nach oben. Ab der Talstation der Seilbahn braucht ihr eine gute Stunde. Der Weg ist sehr sonnig, aber schon wegen der tollen Aussicht jeden einzelnen Schritt wert.

Schnell erreicht ihr so die Schliersbergalm. Jetzt nichts wie rein ins Getümmel und zur Erfrischung auf die große Sonnenterrasse. Neben dieser findet ihr einen frei zugänglichen Waldspielplatz und, gegen eine kleine Gebühr, Trampolins oder den Alpenroller, mit dem ihr ein paar Runden am Hang drehen könnt. An schönen Tagen lockt der Panorama-Pool mit grandiosem Blick hinunter auf den Schliersee. Cool, oder?

Der Alpenroller ist übrigens eine Rodelbahn, die fest auf Schienen verankert ist. Ein Elektromotor befördert euch nach der Abfahrt wieder nach oben. Wilder und länger ist die große Sommerrodelbahn. Die führt von der Schliersbergalm über viele Kurven hinunter zur Talstation.

ANTENNE BAYERN TIPP

Ebenfalls am Schliersee liegt das familienfreundliche Markus Wasmeier Museum. Das kleine Freilichtmuseum ist einem altbayerischen Dorf nachempfunden. Dort reist ihr vergnüglich in die Vergangenheit.

Die Bullcarts sind eine Riesengaudi
für große und kleine Rennfahrer.

Anfahrt **Öffentlich:** Mit der Bahn nach München, weiter mit der BOB-Bahn nach Lenggries, dann 25 Min. Fußweg. **Auto:** Über die A 8, Ausfahrt Holzkirchen, weiter über Bad Tölz nach Lenggries zu den Brauneckbahnen.

Informationen Bullcarts, Fam. Wohlmuth, Gilgenhöfe 29, 83661 Lenggries, Tel. 08042/49 60, www.bullcarts.de.

Öffnungszeiten Je nach Schnee 1. Mai bis Mitte Okt., Wochenenden/feiertags 12–18 Uhr, in den bayerischen Sommerferien tgl. außer Mo/Di 13–18 Uhr.

Preise Einzelfahrt 4 €, 10er-Karte 29 €.

Altersbeschränkung Ab 8 Jahren dürfen Kinder allein fahren.

Rasantes Downhill-Rennen mit den Bullcarts

Hier trefft ihr auf ein herausragendes Speed-Erlebnis der ganz besonderen Art! Mit Bullcarts saust ihr auf drei Rädern schwungvoll über die im Sommer grüne Skipiste hinab ins Tal. Ein ultimativer Downhill-Spaß, der viele von euch sicher süchtig macht.

Bullcarts sind eigentlich nichts anderes als etwas größere, nicht motorisierte Dreiräder. Allerdings stehen die beiden Hinterräder weit auseinander und ihr sitzt relativ niedrig über dem Boden. Genau das macht bei der Abfahrt das tolle »Easy-Rider-Feeling« aus.

Probiert diesen neuen Trendsport doch in Lenggries am Fuß der Brauneckbahn aus. Hier wurde kurzerhand die Skipiste »Streidlhang« zur Rennstrecke umfunktioniert. Natürlich klappt das immer erst, sobald der ganze Schnee von der Piste weggetaut ist. Aber dann ist genau die richtige Zeit für euren Bullcart-Ausflug.

Ihr löst an der Talstation die Tickets und bekommt einen Helm. Nach einer kurzen Einweisung steigt ihr in ein Bullcart und lasst euch gemütlich mit dem Schlepplift nach oben ziehen. Nun kann die Show beginnen! Durch den Gebrauch der Scheibenbremsen reguliert ihr ganz einfach die Geschwindigkeit. Wagt es, es ist nicht schwer! Am besten kauft ihr gleich eine 10er-Karte – denn Übung macht den Meister.

An der Bullcartbahn liegt das familienfreundliche Wirtshaus »Alte Mulistation«. Der beste Platz für eine Einkehr. Dort findet ihr auch ein Spielzimmer für Kinder, ein Riesentrampolin, einen Barfußpfad, einen echten Traktor zum Klettern, einen Sandkasten und eine Schwingschaukel.

ANTENNE BAYERN TIPP

Direkt neben der Bullcartbahn liegt der Falkenhof Lenggries. Von Karfreitag bis Mitte Oktober gibt es jeweils um 11 und 15 Uhr eine eindrucksvolle Greifvogel-Flugshow. Mit von der Partie sind die Schneeeule Hedwig, der Gänsegeier Felix und viele andere Raubvögel.

Ein Wintertag im Schnee – ist das nicht herrlich?

Anfahrt **Öffentlich:** Mit der Bahn nach München, weiter mit der BOB-Bahn nach Lenggries, dann 25 Min. Fußweg. **Auto:** Über die A 8, Ausfahrt Holzkirchen, weiter über Bad Tölz nach Lenggries zu den Brauneckbahnen. Viele Parkplätze.

Informationen Reiseralm, 83661 Lenggries, Tel. 08042/83 02, www.reiseralm.de.

Öffnungszeiten Ganzjährig 10–18 Uhr geöffnet, Mo Ruhetag, Weihnachts-/Faschingsferien kein Ruhetag, im Winter rodeln nur bei geschlossener Schneedecke.

Preise Rodelverleih: 5 € pro Schlitten.

Winterrodelgenuss auf der Reiseralm

Der Schnee glitzert in der Sonne, die Luft sirrt vor Kälte. Jetzt macht ihr euch mit euren Schlitten auf den Weg zur Reiseralm am Brauneck. Ein Wintermärchen beginnt! Hier bei Lenggries im Isartal könnt ihr rodeln und zuvor sogar bei einer Wildfütterung zusehen.

Wer rodeln möchte, muss sich zuerst ein klein bisschen anstrengen. Zur Reiseralm führt nämlich kein Lift. Wenn ihr selbst keinen Schlitten besitzt, leiht ihr euch einfach einen bei der Skischule Isarwinkel aus. Diese liegt nahe der Talstation der Gondelbahn Brauneck. Das ist gleichzeitig euer Startplatz. Links davon beginnt der Aufstieg zur Reiseralm. Der Weg ist nicht weit. Ihr wandert nur eine gute halbe Stunde durch den Wald und schon seid ihr oben. Während des Aufstiegs achtet bitte immer ein bisschen auf entgegenkommende Rodler.

Die beste Zeit, um aufzusteigen, ist übrigens der frühe Nachmittag. Also ideal für alle Langschläfer. Seht zu, dass ihr spätestens gegen 15 Uhr oben ankommt. So bleibt noch etwas Zeit, um sich zu stärken. Die Reiseralm ist nämlich bekannt für ihre Kasspatzn und die selbst gemachte Kartoffelsuppe. Gegen 15.30 Uhr beginnt dann die spannende Wildfütterung. Denn Alois Oswald, der Wirt, ist außerdem stolzer Besitzer von zehn Hirschkühen nebst Platzhirsch. Das Rotwild ist sehr zahm und lässt sich von Hand füttern.

Im Anschluss macht ihr euch auf zur Schlittenpartie. Handschuhe und Mütze aufgesetzt, am besten auch einen Helm, und schon düst ihr bergab. Die Strecke ist nicht sehr steil und somit auch gut für Familien mit kleineren Kindern geeignet.

ANTENNE BAYERN TIPP

Im Winter könnt ihr in Lenggries auch eine Pferdeschlittenfahrt buchen. Unter www.lenggries.de findet ihr alle Details. Und natürlich lässt sich das gesamte Brauneck auch im Sommer bewandern. Es ist bekannt für seine unglaublich vielen Almen und Hütten – überall ist für Kinder viel geboten.

Nervenkitzel pur erwartet auch über dem Abgrund am AlpspiX

Anfahrt

Öffentlich: Mit der Bahn nach Garmisch-Partenkirchen, weiter zu Fuß oder mit dem Bus zur Kreuzeckbahn/Alpspitzbahn. **Auto:** Über die A 95 nach Süden bis zum Autobahnende, weiter auf der B 2 nach Garmisch, dort der Beschilderung zur Kreuzeckbahn/Alpspitzbahn folgen.

Informationen

Bayerische Zugspitzbahn, Olympiastr. 27, 82467 Garmisch Partenkirchen, www.zugspitze.de.

Öffnungszeiten

Tgl. 8.30–16.30 Uhr, im Sommer auch länger, Fahrten mind. jede halbe Stunde.

Preise

Garmisch Classic: Erwachsene 26 €, Kinder von 6–18 Jahren in Begleitung der Eltern nur 4 €.

Furchtlos über dem Abgrund am AlspiX

Zwischen dem Himmel und dem Höllental findet ihr die luftige Aussichtsplattform AlpspiX hoch über Garmisch-Partenkirchen – und die ist wahrlich nichts für schwache Nerven! Nach diesem abenteuerlichen Trip in die Lüfte wandert ihr über den Genuss-Erlebnisweg bergab und begebt euch auf eine Entdeckungsreise der Sinne.

Den Großteil des An- und Abstiegs erspart ihr euch heute und wählt das Lift-Ticket »Garmisch Classic«. Das erlaubt euch die Auffahrt mit der Alpspitzbahn zum Osterfelderkopf und am Ende der Wanderung die Abfahrt mit der Kreuzeckbahn ins Tal. Die Talstationen beider Bahnen liegen fast unmittelbar nebeneinander, sodass ihr am Schluss keine weiten Strecken mehr zurücklegen müsst.

Bequem geht es also 1283 Höhenmeter mit der Gondel der Alpspitzbahn nach oben. Sie endet fast direkt am kleinen Gipfel des Osterfelderkopfs, die Alpspitze selbst dürfen nur wirklich gute Bergsteiger hochkraxeln. Unmittelbar daneben ist der AlpspiX installiert. Zwei Stahlträger ragen in X-Form weit über den Abgrund hinaus. Unter euch ist nichts als ein 1000 Meter tiefer, gähnender Abgrund bis zum Talboden der Höllentalklamm. Die Aussicht ist sensationell!

Nach diesem Adrenalinkick macht ihr euch auf eine Wanderung und folgt dem Genuss-Erlebnisweg über 18 Mitmach-Stationen bergab. Lasst euch Zeit dafür. Alle haben Spaß daran, spielerisch die Sinne zu schärfen. Lest die Sagen der Bergwelt, sucht den Weg durch das Stein-Labyrinth, lauscht eurem Lied im Summstein oder findet den Schatz des Riesen.

Schließlich erreicht ihr die Bergstation der Kreuzeckbahn. Dort schwebt ihr wieder ins Tal. Ein gelungener Tag, findet ihr nicht?

TENNE BAYERN TIPP

Erkundet doch auch die Partnachklamm bei Garmisch mit ihren wilden Stromschnellen und Wasserfällen! Der Eintritt zur Klamm beträgt 2 € für Kinder und 3,50 € für Erwachsene.

Viel Zeit zum Spielen braucht ihr in der Klamm.

Anfahrt **Öffentlich:** Mit der Bahn nach Unterammergau, zusätzlich 15 Min. Fußweg. **Auto:** Über die A 95 Richtung Süden, bei Oberau auf der B 23 nach Ettal, weiter über Oberammergau nach Unterammergau; oder von Schongau kommend auf der B 23 Richtung Süden.

Informationen Unterammergau Tourismusverband, Dorfstr. 23, 82497 Unterammergau, Tel. 08822/64 00, www.ammergauer-alpen.de.

Öffnungszeiten Sommerrodelbahn: Mai bis Ende Okt. 10–17 Uhr, am Wochenende/Ferien auch 1 Std. länger. Nicht bei Regen/Nässe.

Preise Sommerrodelbahn: Einzelfahrt Erwachsene 3 €, Kinder 2,50 €.

Altersbeschränkung Kinder unter 8 Jahren rodeln nur in Begleitung Erwachsener, dann aber gratis.

Durch die eindrucksvolle Schleifmühlenklamm 85

Wasserfälle rauschen, überall gurgelt und brodelt Wasser. Über schmale Wege, viele Stege und Brücken geht es durch die spektakuläre Schleifmühlenklamm. Gerade in den Sommermonaten der ideale Platz zum Abkühlen. Zum Abschluss locken eine Sommerrodelbahn, ein Spielplatz und die Steckenbergalm.

Wasser zieht Kinder magisch an. Deshalb ist die kurze Wanderung durch die Schleifmühlenklamm großartig geeignet für Familien.

Für die Tour startet ihr am Wanderparkplatz Steckenberg. Der liegt am Fuße des Pürschlings, noch hinter der Sommerrodelbahn und dem Wirtshaus Schleifmühle. Ein paar Schritte folgt ihr weiter der Straße, biegt dann aber rechts zum Schleifmühlenbach. Schon habt ihr das untere Ende der Klamm erreicht. Dort stehen einige stillgelegte Schleifmühlen, die man einst zum Schleifen von Steinen benutzte. Schautafeln informieren über die erdgeschichtliche Entstehung und den Abbau des Gesteins für die Wetzsteinherstellung. Sie hatte einst Unterammergau zu wirtschaftlichem Aufschwung verholfen.

Am Beginn der Klamm laden Kiesbänke zum Rasten und Spielen ein. Dann wird der Weg schmaler und zu einem Steig. Weiter geht es über Brücken und Stege, mal links, mal rechts. Nehmt kleinere Kinder unbedingt an die Hand! Achtet auf das Wasser. Am Anfang plätscherte es noch geruhsam neben euch. Jetzt rauscht und dröhnt es über Kaskaden abwärts und bildet grüne Gumpen, das sind natürlich entstandene Wasserbecken. Bald erreicht ihr den obersten Wasserfall und verlasst die Klamm auf einem breiten Forstweg. Nach links kommt ihr schnell wieder ins Tal.

Besucht doch auch das kostenlose Wetzsteinmuseum im nahen Gasthof Schleifmühle. Und nur wenige Meter weiter liegt die Steckenbergalm mit dem großen Spielplatz und der Sommerrodelbahn. Dort zieht euch der Schlepplift in doppelsitzigen Bobs nach oben. Jetzt klinkt sich der Bob automatisch aus und ihr saust, begleitet von einer herrlichen Aussicht, blitzschnell über Kurven den Berg wieder hinunter.

Immer wieder gibt es spannende Stationen im Auwaldpfad.

Anfahrt **Öffentlich:** Mit der Bahn bis Füssen, weiter mit dem Bus Richtung Reutte/Tirol, Haltestelle »Ziegelwies«. **Auto:** Über die A 7, B 310 oder B 17 nach Füssen, dort weiter auf der B 17 Richtung Reutte. Ziegelwies liegt direkt an der Grenze, der größere Parkplatz dazu bereits auf österreichischer Seite.

Informationen Walderlebniszentrum Ziegelwies, Tiroler Str. 10, 87629 Füssen, Tel. 08362/938 75 50, www.walderlebniszentrum.eu.

Öffnungszeiten Das Außengelände kann täglich besucht werden, im Winter werden die Wege nicht geräumt, bei Hochwasser ist der Auwaldpfad nicht zugänglich. Ausstellungsräume: 1. Mai bis Ende Okt. tgl.10–17 Uhr, Nebensaison: Di–Do 10–16 Uhr, Fr 10–13 Uhr.

Preise Baumkronenweg: 4 € ab 16 Jahren, Kinder frei; alles andere ist kostenlos.

Natur pur: Matschpfad und Seilnetz im Ostallgäu

Spannender können Naturlehrpfade kaum sein. Am Walderlebniszentrum Ziegelwies könnt ihr gleich zwischen zweien wählen: dem Auwaldpfad und dem Bergwaldpfad. Am besten nehmt ihr euch Zeit für beide. Definitiv ein herausragendes Naturerlebnis, das die ganze Familie nicht vergisst.

Das Walderlebniszentrum liegt direkt an der bayerisch-tirolerischen Grenze unweit von Füssen. In den letzten 15 Jahren wurde hier ein einmaliges, kinderwagentaugliches und obendrein kostenloses Angebot für Familien entwickelt. Nur der neue Baumkronenweg, der den Parkplatz mit dem Walderlebniszentrum verbindet, kostet eine kleine Gebühr, die es aber wert ist. Denn gerade diesen solltet ihr auf keinen Fall verpassen! Die 480 Meter langen und bis zu 21 Meter hohen, leicht schwankenden Stege kitzeln die Nerven.

Vom Zentrum, wo sehr interessante Ausstellungen zur umgebenden Natur gezeigt werden, macht ihr euch zum Auwaldpfad auf. Oder ihr beginnt mit dem Bergwaldpfad, der sich östlich der B 17 erstreckt.

Der Auwaldpfad führt über eine Länge von 1,5 Kilometern an neun Stationen entlang des türkisfarbenen Lechs: Tastboxen, Kletterbäume, ein Floß, Matschpfad und Hängematten liegen entlang des Weges. Themen wie Hochwasser, Flussbegradigung und die Bedeutung des Auwaldes werden erklärt. Im Sommer unbedingt Badesachen mitnehmen, am Lechufer gibt es herrliche Stellen zum Planschen! Vom Rundweg zweigt ein kurzer Abstecher zum nahen Naturwunder Lechfall ab. Der fällt direkt vor Füssen über mehrere Stufen abwärts, um sich dann durch eine enge Felsenschlucht zu zwängen.

Zum Bergwaldpfad kommt ihr durch einen dunklen Tunnel. Es sind ein paar Höhenmeter mehr zu bewältigen, aber das schaffen auch kleinere Kinder. Toll erklärt wird hier die Bedeutung des Schutzwaldes. Daneben könnt ihr auf Seil-Spinnennetze klettern oder um die Wette hüpfen. Knackt einer von euch die Weitsprungmarken des Hasen oder Rehbockes?

Oberhalb des Hotel Falkensteins liegt die Burgruine.

Anfahrt **Öffentlich:** Mit der Bahn bis Pfronten, Haltestelle »Steinach«. **Auto:** Auf der B 309 nach Pfronten, weiter in Richtung Österreich nach Pfronten/ Steinach.

Informationen Pfronten Tourismus, Vilstalstr. 2, 87459 Pfronten, Tel. 08363/698 88, www.pfronten.de.

Öffnungszeiten Das Burggelände und der Museumsraum sind tagsüber offen und frei zugänglich.

Burgruine und Museum Falkenstein

Was wäre, wenn alle Träume wahr würden? Falkenstein war der letzte Traum des Märchenkönigs Ludwig II. Er träumte, anstelle der einst wuchtigen Burg ein feudales Schloss zu errichten. Was von seiner Vision übrig blieb, erfahrt ihr bei einem Besuch auf einer der schönsten und aussichtsreichsten Burgruinen des Ostallgäus.

Er war Traumtänzer und zugleich König von Bayern. Aber Ludwig II. konnte seinen großen Traum, die Burgruine Falkenstein in eine Raubritterburg umzuwandeln, nicht verwirklichen. Schaut euch die Burgruine Falkenstein an und besucht dabei auch das kleine Museum. So könnt ihr diesen Traum mitträumen!

Mehrere Wege führen hinauf zur Ruine. Für Familien ist der Aufstieg vom Bahnhof Pfronten/Steinach aus am schönsten. Dafür wandert ihr ein Stück nach Süden. Nachdem ihr die Vils überquert habt, folgt ihr der Beschilderung zur Burgruine über die Mariengrotte. Für den einstündigen Marsch braucht ihr etwas Kondition. Der Weg führt steil hinauf zum Hotel Falkenstein. Dort befindet sich das Falkensteinmuseum, in dem ihr mehr Infos zu Ludwigs letztem Traum bekommt. Jetzt nur noch wenige Schritte und ihr seid an der Burgruine Falkenstein. Hier erwarten euch neben der fantastischen Rundumsicht die Reste der mittelalterlichen Burg. Im Inneren könnt ihr auf den Burgturm steigen, außen bieten sich Rastbänke als Brotzeitplatz an.

Für den Abstieg wählt ihr den Weg über das Hotel Schlossanger Alp. Das Hotel ist ein idealer Platz für eine Pause. Außerdem gibt es dort den »Kuh-Kuh-Matz-Spielplatz«. Der weitere Rückweg ist ausgeschildert.

Ganz Unternehmungslustigen sei gesagt: Pfronten ist ein wahres Eldorado für junge Familien und bietet gleich zwölf tolle Spielplätze. Besucht doch den Ritter- oder den Märchenspielplatz. Oder wollt ihr lieber auf den Abenteuerspielplatz, zur Zirkuswelt oder auf die Schatzinsel? Das Tourismusbüro Pfronten hält extra einen Kinderstadtplan für euch bereit. Jetzt müsst ihr euch nur noch entscheiden …

Der Esel begrüßt alle Besucher im Burgberger Tierparadies.

Anfahrt **Öffentlich**: Mit der Bahn bis Blaichach, weiter mit dem Bus. **Auto**: Über die A 7, am Dreieck Allgäu weiter auf die A 980, Ausfahrt Waltenhofen, weiter auf der B 19 Richtung Oberstdorf, bei Rauhenzell über die St 2006 nach Burgberg.

Informationen Touristinfo Burgberg, Rettenberger Str. 2, 87545 Burgberg, Tel. 08321/78 78 97, www.burgberg.de.

Öffnungszeiten Erzgruben: Anfang Mai bis Ende Okt. tgl.; Museumsdorf: 10.30–17 Uhr, Führungen 11.30 u. 14.15 Uhr, in der Hauptsaison zusätzl. 10.30 u. 13.30 Uhr; Burgberger Tierparadies: Ostern bis Anfang Nov. tgl. 10–18 Uhr

Preise Erzgruben: Museumsdorf und Grubenführung Erwachsene 7 €, Kinder 6–14 Jahre 4 €; Burgberger Tierparadies: Erwachsene 2,50 €, Kinder 1,50 €.

Dunkle Erzgruben und das Burgberger Tierparadies

Abenteuer über und unter der Erde verspricht der Besuch des Museumsdorfes Erzgruben. Die »Grubis« nehmen euch mit in die Stollen und weihen euch in die Geheimnisse des Bergbaus ein. Danach verbringt ihr im kleinen Tierparadies von Burgberg vergnügliche Stunden.

Das kleine Dorf Burgberg liegt direkt am Fuße des Grünten. Aber dieser Berg birgt ein Geheimnis. Seit dem Mittelalter bis 1856 durchlöcherte man ihn auf der Suche nach wertvollen Erzen wie einen Schweizer Käse. Schaut euch das nachgebaute Museumsdorf hoch über Burgberg an.

Es gibt keine öffentliche Zufahrt, euer Auto bleibt im Tal. Ihr erreicht das Dorf auf einer eindrucksvollen Wanderung durch die schöne Starzlachklamm. Dafür braucht ihr etwa zwei Stunden. Wesentlich bequemer ist die Auffahrt gegen Gebühr mit der Erzgrubenbahn. Die kleine Eisenbahn hält an mehreren Stellen im Tal und bringt euch in 30 Minuten zum Museumsdorf. Toll ist es, Wandern und Bähnlefahren zu kombinieren.

Oben erkundet ihr dann das Museumsdorf. Dabei erfahrt ihr viel über den Bergbau, die Gewinnung des Eisenerzes bis hin zu seiner Verarbeitung und auch über die Geologie des Grünten. Spannend ist es in der Bergbauhütte. Dunkelheit umgibt euch in diesem Stollennachbau. Jetzt wisst ihr, wie sich die Bergarbeiter damals fühlten!

Wenn euch das noch nicht reicht, besucht eine echte Erzgrube im Rahmen einer Besichtigungstour mit einem der »Grubis«. Die Tour führt euch in die beiden Erzgruben »Theresien-Grube« und »Anna-Grube« und dauert ab Museumsdorf zwei bis zweieinhalb Stunden.

Habt ihr von der unterirdischen Welt genug gesehen, gibt es oberirdisch in Burgberg eine weitere Attraktion. Das kleine Burgberger Tierparadies ist besonders für kleinere Kinder geeignet. Viele heimische Tiere wie Esel, Ponys, Ziegen, Schafe und Hühner oder Gänse freuen sich auf euch, und die meisten lassen sich streicheln. Die Gehege sind ansprechend gestaltet. Und einen kleinen Spielplatz und ein Café gibt es auch.

Mit etwas Geduld könnt ihr die Eichhörnchen ganz nah beobachten.

Anfahrt **Öffentlich:** Mit der Bahn bis Fischen. **Auto:** Fischen liegt direkt an der B 19 südlich von Sonthofen im Oberallgäu.

Informationen Gästeinfo Fischen, Am Anger 15, 87538 Fischen, Tel. 08326/364 60, www.eichhoernchenwald-fischen.de.

Öffnungszeiten Frei zugänglich! Nach einer Schlechtwetterperiode, wenn nicht so viele Besucher im Wald waren, sind die Chancen auf gierige Eichhörnchen am größten. Übrigens halten Eichhörnchen Winterruhe!

Tierischer Spaziergang zum Eichhörnchenwald

In Fischen im Allgäu leben zwar keine zahmen Fische, dafür sehr zutrauliche Eichhörnchen. Die putzigen Waldbewohner bevölkern hier den sogenannten Eichhörnchenwald und haben ihre natürliche Scheu vor den Menschen ziemlich verloren. Bleibende Augenblicke, den possierlichen Tieren so nahe zu sein!

Eichhörnchen sind wirklich niedliche Tiere. Mit ihrem buschigen Schwanz und den sagenhaften Kletterkünsten leben sie auf den Bäumen unserer bayerischen Wälder. Normalerweise sind sie sehr scheue Tiere, aber hier in Fischen sind sie seit einigen Jahren sehr zutraulich geworden. Sie haben nämlich gelernt, dass die meisten Besucher Leckereien in Form von Nüssen mitbringen. Deswegen fliehen sie nicht mehr vor uns Menschen, sondern hoffen auf steten Nachschub. Aber ihr solltet wissen, dass es den Eichhörnchen gar nicht so guttut, wenn sie jederzeit an Nahrung kommen, ohne sich anzustrengen. Sie werden fett und träge und springen nicht mehr so schnell durch den Wald. So ist die Gefahr, Opfer von anderen Tieren zu werden, wesentlich größer. Außerdem verderben sie sich durch falsche Nahrung den Magen.

Aber natürlich macht es Spaß, sie mit Futter zu locken. Also bringt gerne etwas mit. Aber es sollten nur Nüsse mit Schale sein. Am besten Hasel- oder Walnüsse, und bitte frei von jeglichen Zusätzen!

Mit diesen Leckereien bewaffnet, wandert ihr dann in den Eichhörnchenwald. Er liegt etwas außerhalb des Ortskerns von Fischen. Dafür überquert ihr den Grundbach und merkt euch den tollen Spielplatz für den Rückweg. Weiter geht's durch den Kurpark in den Wald.

Jetzt heißt es still sein. Setzt euch auf einen Baumstumpf und beobachtet das rege Treiben. Außer den Eichhörnchen haben mittlerweile jede Menge Vögel die ergiebige Nahrungsquelle für sich entdeckt. Wenn ihr füttern wollt, nehmt einfach eine Nuss auf die ausgestreckte Hand. Mit etwas Geduld kommt ein Eichhörnchen und stibitzt sich den Leckerbissen.

Tief und steil geht es in die Sturmannshöhle hinunter.

Anfahrt **Öffentlich:** Mit der Bahn bis Fischen, dann weiter mit dem Bus nach Obermaiselstein. **Auto:** Auf der B 19 Richtung Oberstdorf, bei Fischen abbiegen nach Obermaiselstein.

Informationen Touristinfo Hörnerdörfer, Am Scheid 18, 87538 Obermaiselstein, Tel. 08326/277, www.obermaiselstein.de.

Öffnungszeiten Von Mai bis Anfang Nov. tgl., Führungen jeweils stündlich 9.30–16.30 Uhr; ab 26.12. bis So nach Ostern Führungen jeweils stündlich 11–16 Uhr, Mo/Di geschl., außer in den Weihnachts- und Osterferien.

Preise Erwachsene 4 €, Kinder von 6–14 Jahren 2,50 €.

Altersbeschränkung Eigentlich keine, aber Kinderwagen, -tragen oder große Rucksäcke nicht möglich.

Auf dem Sagenweg zur Sturmannshöhle

Den vier wilden Fräulein, dem Venedigermännle, fahrendem Volk, sogar einem Drachen und dem Schatz im Sturmannsloch begegnet ihr auf eurer entdeckungsreichen Wanderung bei Obermaiselstein. Sie bringt euch zur Sturmannshöhle, der einzigen Spaltenhöhle im Allgäu, die ihr per Führung besichtigen könnt. Kommt ihren Geheimnissen auf die Spur!

Etwas südlich von Obermaiselstein liegt der Hirschsprung, eine kleine Engstelle zwischen zwei Felsen an der Straße nach Tiefenbach. Hier startet ihr eure Wanderung zur Sturmannshöhle. Der Weg ist als Sagenweg für Familien mit Kindern angelegt. Er ist sehr unterhaltsam und motiviert sogar die wanderfaulsten Kids. Lasst euch überraschen – alle sausen von ganz allein zu den fünf Stationen der Oberallgäuer Sagen. Lest die fesselnden Geschichten und die dazugehörigen historischen oder geologischen Erklärungen. Denn in jedem Märchen steckt auch ein Funken Wahrheit.

Der Weg bringt euch schnurstracks zum Kiosk neben der Höhle. Dort zahlt ihr euren Eintritt und steigt die Sturmannshöhle hinab, eine Spaltenhöhle, die vor etwa 120 Millionen Jahren entstanden ist. 1906 wurde sie der Öffentlichkeit zugänglich gemacht. Für die Besichtigung müsst ihr euch auch im Sommer warm anziehen. Und denkt an feste Schuhe, die braucht ihr für die vielen, oft feuchten Stufen.

Die Führung dauert gute 40 Minuten. Dabei wagt ihr euch etwa 300 Meter tief in das Innere des Berges hinein und steigt zum Höllenboden hinunter. Vorbei am Drachenloch geht es bis zu einem winzigen See, aus dem ein gurgelnder Höhlenbach entspringt.

TENNE BAYERN TIPP

Von Mai bis September wird in Obermaiselstein jeden Mittwoch ab 18 Uhr gegrillt. Die Familien-Grillsause findet am Schützenheim statt. Eine Überdachung sorgt auch an Regentagen für ungetrübte Grillfreuden. Grillgut bringt ihr selbst mit, um das Feuer kümmert sich der Tourismusverein. Bis die Kohle richtig glüht, vertreibt ihr euch die Zeit am Boulderfelsen und am Spielplatz.

Deutsche Städte an Rhein und Mosel lassen sich erkunden.

Anfahrt **Öffentlich:** Mit der Bahn bis Oberstaufen, weiter mit dem Bus Richtung Immenstadt, Haltestelle »Am Hündle«. **Auto:** Die Miniwelt liegt direkt an der B 308, der deutschen Alpenstraße.

Informationen Miniwelt Oberstaufen, Wengen 15, 87534 Oberstaufen, Tel. 08386/96 07 11, www.miniwelt-oberstaufen.de.

Öffnungszeiten Anfang April bis Ende der ersten Novemberwoche und ab 26.12. in den Weihnachtsferien tgl. außer Mo 10–18 Uhr.

Preise Erwachsene 6 €, Kinder 3,50 €.

Die ganz besondere Modelleisenbahn im Allgäu

Eine der schönsten Zugstrecken in Deutschland führt entlang des Rheins von Koblenz nach Bingen. So weit müsst ihr aber nicht fahren, um diese Route zu sehen, denn in der Miniwelt von Oberstaufen ist genau dieser Streckenabschnitt in klein nachgebaut. Der perfekte Ausflug für alle Modelleisenbahnfans und begeisterten Zugfahrer.

2400 Meter Gleise, 400 Weichen, 172 Züge, fast 2500 Waggons, 26 000 Bäume, 5000 Figuren, 600 Gebäude und gut 3000 Kilogramm Gips wurden in der Modelleisenbahnanlage der Miniwelt Oberstaufen verbaut. Das ist schon eine beachtliche Menge, meint ihr nicht auch? Die beiden Erbauer brauchten gut sieben Monate Bauzeit, doch das war es wert!

Die Mühe, den Einsatz und die Liebe zum Detail seht ihr der Anlage auch an – und so ist diese wunderbare, analoge Miniaturwelt entstanden.

Die zwei herrlichen Flusslandschaften sind den deutschen Regionen entlang des Rheins und der Mosel nachempfunden. Aber auch wenn ihr Koblenz oder den Loreleyfelsen nicht kennt, gibt es unendlich viel zu sehen. Überall fahren Züge über Brücken und Viadukte. Sie verschwinden in Tunnels und – zur großen Überraschung – andere tauchen auf.

Unzählige Szenen sind detailreich nachgestellt. Da arbeiten Weinbauern in ihren Hängen, eine Reisegruppe lauscht ihrer Reiseführerin und ein Hochzeitspaar tritt aus der Kirche. Schaut genau hin – was entdeckt ihr noch alles? Lasst euch den verblüffenden Tag-Nacht-Effekt zeigen. Die Nachtatmosphäre taucht die Anlage in ein völlig neues Licht.

ANTENNE BAYERN TIPP

Falls ihr nach der Besichtigung noch Lust habt, etwas im Freien zu unternehmen, müsst ihr nicht weit gehen. Ganz in der Nähe führt die Hündlebahn hinauf zum Berggasthof Hündlealp. Dort oben, auf dem Oberstaufener Hausberg, gibt es herrliche Wanderwege. Wollt ihr etwas mehr Action? Dann fahrt doch mit der Sommerrodelbahn hinunter. Ein 850 Meter langes Vergnügen mit 16 Steilkurven und lustigen Jumps.

Genießt die tolle Aussicht vom Skywalk!

Anfahrt **Öffentlich:** Mit der Bahn bis Röthenbach, weiter mit dem Bus nach Scheidegg. **Auto:** Scheidegg liegt direkt an der B 308, der Skywalk etwas südlich des Ortes. Parkplätze an der Fachklinik Prinzregent Luitpold, 10 Min. Fußweg.

Informationen Skywalk Allgäu, Oberschwenden 25, 88175 Scheidegg, Tel. 08381/896 18 00, www.skywalk-allgaeu.de.

Öffnungszeiten Mitte März bis Anfang Nov. 10–18 Uhr, im Winter 11–17 Uhr, letzter Einlass eine Stunde vor Schließung.

Preise Kinder ab 1 m und bis 17 Jahre 6,90 €, Erwachsene 9,20 €.

Gänsehautfeeling am Skywalk Scheidegg

Eine Wahnsinns-Freizeitattraktion gibt es für euch bei Scheidegg im Westallgäu. Traut euch auf einen luftigen Baumwipfelpfad der Extraklasse! Für die besondere Gänsehaut gibt's den interaktiven Pfad, einen Weg nur für Schwindelfreie. Wer probiert ihn aus?

Im Sommer wie im Winter lässt sich der spannende Baumwipfelpfad Skywalk begehen. Neben einem wunderschönen Rundum-Panorama hat er einige Attraktionen mehr für euch auf Lager! Geeignet ist der Ausflug für die ganze Familie, denn der Pfad zu den Wipfeln hoher Bäume ist sogar mit Kinderwagen oder Rollstuhl zu befahren. Im Hauptturm führt deswegen ein Aufzug nach oben.

Alle anderen erklimmen die luftigen Höhen zu Fuß. Ihr nehmt einfach die sanft ansteigenden Wege und Treppen. Je höher ihr steigt, umso stärker beginnt der Skywalk an einigen Stellen zu schwanken. Doch eure Aussicht wird immer schöner. Am höchsten Punkt, bei 40 Metern, reicht die 360-Grad-Sicht weit über die Allgäuer Berge bis hin zum Bodensee. Genießt es!

Am Ende der Strecke wartet ein abenteuerliches Höhenerlebnis auf euch: Hier beginnt der interaktive Pfad – ein freiwilliges Wagnis, das aber sehr zu empfehlen ist. Schwindelerregend hoch, ist er nur etwas für ganz Mutige, wobei ihr natürlich trotzdem ganz sicher seid. 20 Meter über dem Waldboden klettert ihr durch Netze, über eine Wackelbrücke, auf Holzteller und auf Seilen. Nervenkitzel pur! Passt gut auf, wo ihr euren Fuß hinsetzt, eure Balance ist gefragt. Der Weg nach unten führt am Ende durch die steil geschwungene Röhrenrutsche. Sobald ihr einmal auf dem interaktiven Pfad seid, gibt es nur diesen einen Weg.

Alle nicht ganz so Unerschrockenen nehmen den »normalen« Weg hinunter. Auch dort wird es nicht langweilig: Im Wald gibt es Natur-Erlebnispfade, einer davon ist ebenfalls barrierefrei. Außerdem findet ihr einen Geschicklichkeitsparcours – eine faszinierende Herausforderung.

Im Sommer ist es angenehm kühl am Wasserfall.

Anfahrt

Öffentlich: Mit der Bahn bis Martinszell, weiter mit dem Bus. **Auto:** Auf der B 19, Ausfahrt Niedersonthofen/Memhölz, weiter nach Niedersonthofen, Parkplatz in der Sonnenstraße.

Informationen

Touristinfo Niedersonthofen, Sonnenstr. 9, 87448 Niedersonthofen, Tel. 08379/77 92, www.allgaeuerseenland.de.

Öffnungszeiten

Frei zugänglich.

Altersbeschränkung

Nicht für Kinderwagen geeignet

Wilde Wanderung entlang des Schrattenbachs

Wo wilde Wasser rauschen … dort wandert ihr über Wurzelwege und schmale Steige. Euer Weg führt euch durch einen hinreißend duftenden Wald, vorbei an knorrigen Bäumen hin zum verwunschenen Niedersonthofener Wasserfall. Dafür zieht ihr am besten feste Schuhe an und los geht's von eurem Startplatz in Niedersonthofen im Oberallgäu.

Eure Wanderung startet in der Ortsmitte von Niedersonthofen. Ein wenig Kondition braucht ihr schon, ihr seid 2,5 Stunden zu Fuß unterwegs. Ab der Ortsmitte folgt ihr einfach der Beschilderung zum Wasserfall Richtung Westen. Ihr wandert zunächst durch die Mühlenbergstraße. An ihrem Ende trefft ihr auf den Schrattenbach, dem ihr von nun an folgt.

Gleich zu Beginn geht es erst mal ein Stückchen bergauf. Wie Bergziegen folgt ihr dem wurzeligen Wanderweg. Der windet sich ständig auf und ab, mal näher und mal entfernter am Bach entlang, immer weiter in den Schrattenbach-Tobel. Aber was ist ein Tobel eigentlich? Im Allgäuer Dialekt bedeutet Tobel nichts anderes als Schlucht.

Kurz vor dem Wasserfall wird es dann wild im engen Tal. Knorrige Bäume säumen den Weg und viele Steine sind mit Moos bewachsen. Und endlich hört ihr das Rauschen des Wasserfalls. Nur noch eine Kurve und der Niedersonthofener Wasserfall liegt vor euch. Wie ein weißer Schleier fließt das Wasser über die Felsen hinab.

Nun ist es auch Zeit für eine wohlverdiente Pause. Ein kleines Stück zurück findet ihr eine Bank zum Brotzeitmachen und am nahen Wasser können die Kids spielen.

Für den Rückweg habt ihr die Wahl: Entweder geht ihr den gleichen Weg zurück oder ihr steigt die vielen Stufen am Wasserfall weiter aufwärts. Der Weg führt euch dann links über Gopprechts mit herrlicher Sicht auf die Berge über ein kleines Sträßchen zurück. Diese zweite Variante dauert aber etwas länger. Falls ihr nach eurer Wanderung eine Erfrischung braucht, springt doch in den nahen Niedersonthofener See. Er erreicht im Sommer schnell angenehme Temperaturen.

Jede Menge Kinderprogramm gibt es im Freilichtmuseum Illerbeuren.

Anfahrt **Öffentlich:** Mit der Bahn bis Memmingen, weiter mit dem Bus Richtung Legau, Haltestelle »Illerbeuren«. **Auto:** Über die A 7, Ausfahrt Memmingen-Süd, weiter Richtung Illerbeuren; über die A 96, Ausfahrt Aitrach/Legau, weiter Richtung Illerbeuren.

Informationen Schwäbisches Bauernhofmuseum, Museumstr. 8, 87758 Illerbeuren/Kronburg, Tel. 08394/14 55, www.bauernhofmuseum.de.

Öffnungszeiten April bis Mitte Okt. 9–18 Uhr, März und von Mitte Okt. bis Anfang Nov. 10–16 Uhr, Mo Ruhetag.

Preise Erwachsene 6 €, Kinder ab 6 Jahren 1 €.

Das Leben früher: Ohne Strom und ohne Supermarkt

Wie war das wohl damals, als es noch keinen elektrischen Strom gab? Als noch keine Fußbodenheizungen die Häuser wärmten? Als noch kein Supermarkt um die Ecke lag? Wie lebten die Menschen während dieser Zeit? All das und noch viel mehr enträtselt ihr im Schwäbischen Bauernhofmuseum Illerbeuren.

Das Schwäbische Bauernhofmuseum ist ein familiengerechtes Freilichtmuseum. Dabei ist das Bauernhofmuseum eines der ältesten Freilichtmuseen Deutschlands. Stellt euch vor, es wurde bereits 1955 eröffnet! Der Restaurator, Bildhauer und Kreisheimatpfleger Hermann Zeller stellte damals seine heimatkundliche Sammlung der Öffentlichkeit zur Verfügung.

War es ursprünglich nur ein Haus, das für die Besucher offen stand, so besucht ihr heute über 30 verschiedene Gebäude. Einzigartig – wahrscheinlich in ganz Europa – ist die Lage des Museums: Folgt ihr in Illerbeuren den Schildern zum Museum, kommt ihr zum Dorfplatz. Auf der einen Seite steht die Kirche, auf der anderen sind ein Wirtshaus und ein paar schöne Bauernhäuser. Passt gut auf, denn das Museum ist so geschickt in das Dorf integriert, dass ihr erst auf den zweiten Blick den Eingang entdeckt. Die Häuser, die hierher versetzt wurden, wirken so authentisch, als hätten sie schon immer hier gestanden.

Schlendert doch einfach über das Museumsgelände, öffnet die Türen zu den alten Höfen und Ställen und seht euch die Einrichtungen sowie die ländlichen Maschinen und Geräte genauer an. Nehmt die vielen Museumsangebote wahr und erlernt zum Beispiel fast vergessene Arbeitstechniken. Oder bastelt Vogelscheuchen, backt Fladenbrot, schöpft Papier oder gestaltet Heupuppen. Vor allem in den Ferien gibt es Erlebnisprogramme und viele Aktionstage.

Natürlich leben auch zahlreiche Tiere hier, darunter selten gewordene Haustierrassen wie das Schwäbisch-Hällische Landschwein, das Zaupelschaf oder das hübsche Augsburger Huhn – das statt einem klassischen Hühnerkamm ein Krönchen trägt. Das müsst ihr gesehen haben!

Einfach mal Abheben und in die Luft gehen!

Anfahrt **Öffentlich:** Mit der Bahn bis Bahnhof Rammingen, 800 m zu Fuß bis zum Park. **Auto:** Direkt an der A 96, Ausfahrt Bad Wörishofen.

Informationen Allgäu Skyline Park, Im Hartfeld 1, 86825 Bad Wörishofen, Tel. 08245/966 90, www.skylinepark.de.

Öffnungszeiten Ende März bis Anfang Nov. 9.30–18 Uhr, je nach Wochentag und Ferien auch früher und länger.

Preise Pro Besucher ab 150 cm 24 €, Besucher 110–150 cm 18 €, Kinder unter 110 cm freier Eintritt.

Durch die Lüfte im Skyline Park

Das dürft ihr nicht verpassen! Sportliche Fahrgeschäfte, Spannung, Nervenkitzel und Action – alles das bietet der Allgäuer Skyline Park. Ein genialer Familien-Freizeitpark, in dem ein Tag voller Ausgelassenheit wie im Nu vergeht. Über 50 Attraktionen wollen von euch erobert werden!

Freut euch auf diesen Familienausflug! Der Skyline Park bei Bad Wörishofen ist der perfekte Abenteuerpark für große und kleine Gäste. Zum wiederholten Mal hat er eine Auszeichnung für das beste Preis-Leistungs-Verhältnis unter den europäischen Freizeitparks bekommen.

Unter dem bewährten Motto »Einmal zahlen, alles fahren« erkundet ihr den gesamten Park und testet natürlich alle möglichen Fahrgeschäfte. Bei den über 50 Attraktionen ist ganz sicher für jeden etwas dabei.

Für ultimative Action, Herzrasen und Schnappatmung sorgen der Sky Wheel, die aktuell höchste Überkopf-Achterbahn Europas, der Sky Shot, der die Fahrgäste in einer Kugel gegen den Himmel katapultiert, der Sky Circle, das verrückte Propellerkarussell und der Sky Jet, bei dem ihr im freien Fall zur Erde rauscht.

Natürlich geht es auch ein bisschen gemächlicher. Trotzdem werden eure Nerven an der Hängeachterbahn Sky Rider oder im Höhenkarussell Sky Twister flattern. Abkühlung findet ihr auf der Wildwasserbahn Sky Rafting, am Wasserspielplatz oder im einmaligen Wasserrutschen-Spaßbad, wofür ihr am besten eure Badesachen mitbringt.

Aber ein Familienpark wäre kein Familienpark, wenn er nicht auch genügend Spaß für die Kleinsten und die ältesten Familienmitglieder bieten würde. Egal ob Kindereisenbahn, Flug der Karibik, Baustellenfahrt, Fliegerkarussell, Schiffschaukel, Kettenkarussell, Schießbude, Riesenrad, Tretboote, Autoscooter, Tarzanseile oder Kinderkanus – hier erlebt ihr unvergessene Abenteuer. Und natürlich sorgen ein Spielplatz mit Riesenrutsche, Luftkissen oder das Trampolin für Bewegung. Doch versäumt bei all der Abwechslung nicht die vielen Shows, Feste und Veranstaltungen.

96 Bei Jim Knopf auf dem Lummerland-Spielplatz

»Eine Insel mit zwei Bergen und dem tiefen weiten Meer, mit viel Tunnels und Geleisen und dem Eisenbahnverkehr. Nun, wie mag die Insel heißen, ringsherum ist schöner Strand, jeder sollte einmal reisen in das schöne Lummerland.« – Na, dann mal los im Gänsemarsch und Tippelschritt … zum neuen Augsburger Spielplatz am Roten Tor.

Jeder weiß, wer Jim Knopf, Lukas, Emma und August der Viertel-vor-Zwölfte ist. Klar, oder? Denn die Geschichten von Jim Knopf und Lukas dem Lokomotivführer sind ein Klassiker. Und deswegen kennt ihr natürlich auch das Lummerland! Die Insel mit den zwei Bergen, auf der Lukas und Jim Knopf zu Hause sind.

Augsburg ist seit jeher durch das Marionettentheater Augsburger Puppenkiste stark mit den Geschichten von Michael Ende verbandelt. Und ganz in der Nähe der Augsburger Puppenkiste, in den Wallanlagen am Roten Tor im Südosten der Altstadt, gibt es nun den supertollen neuen Spielplatz Lummerland.

Das ist euer perfektes Ausflugsziel – vor allem mit kleineren Kindern ab etwa drei Jahren. Mit viel Holz, Steinen und Sand ist hier Lummerland nachgebaut. Ihr findet Frau Waas mit ihrem Einkaufsladen. Und natürlich trefft ihr Jim Knopf und Lukas. Rutscht doch von den beiden Bergen, krabbelt durch den Tunnel, schaukelt mit dem Schiff oder besucht König Alfons in seiner Burg.

Anfahrt **Öffentlich:** Mit der Bahn bis Augsburg, weiter mit der Straßenbahn, Haltestelle »Rotes Tor«. **Auto:** Über die A 8, Ausfahrt Augsburg-Ost, oder über die B 17, Richtung Stadtmitte, Parkmöglichkeit z. B. im Parkhaus »City Galerie«.

Informationen Augsburg Tourismus, Schießgrabenstr. 14, 86150 Augsburg, Tel. 0821/50 20 70, www.augsburg-tourismus.de; Spielplan und Preise des Marionettentheaters siehe www.augsburger-puppenkiste.de.

Öffnungszeiten Der Spielplatz ist frei zugänglich.

Mit Alpakas »on Tour«

Hier dreht sich alles um edle Alpakas. Die sanftmütigen Tiere leben in der kleinen Alpakazucht »Westwood Alpacas« in Horgau. Besucht sie und geht mit ihnen auf Wanderung. Dieses außergewöhnliche Tier- und Naturerlebnis ist eine unvergessliche Erfahrung – so startet ihr zu einem Familienausflug, bei dem mit Sicherheit alle ihren Spaß haben.

Ursprünglich stammen Alpakas aus den Anden in Südamerika. Dort werden sie als Lastentiere genutzt und wegen ihrer Wolle gezüchtet. Mittlerweile sieht man diese grazilen Tiere immer öfter auch in Bayern.

Schaut euch diese wuscheligen Tiere einmal ganz aus der Nähe an. Am besten in Horgau bei der *Westwood Alpacas* Zucht. Wie der Name schon sagt, liegt die Farm im Naturpark Westliche Wälder. Hier züchten Claudia und Walter ihre Alpakas – 17 Tiere haben sie schon. Bei einem Besuch lernt ihr viel über ihre Herkunft, die Zucht, die Verwendung der weichen Wolle und die Eigenheiten dieser ungewöhnlichen Tiere.

Den Höhepunkt bildet ein gemeinsamer Ausflug mit den Alpakas. Dabei lernt ihr Nepomuk, Nico, El Hakim oder Nidiva bestimmt näher kennen. Lasst euch begeistern und verzaubern. Die frische Luft, die Begegnung mit der Natur und der innige Kontakt zu den sanften Tieren sorgen bestimmt dafür, dass ihr den Alltag ganz schnell vergesst. Die geführte Wanderung dauert gut 1,5 Stunden.

Anfahrt **Öffentlich:** Mit der Bahn bis Kutzenhausen, weiter mit dem Bus. **Auto:** Auf der A 8, Ausfahrt Zusmarshausen, weiter über die B 10 Richtung Augsburg, Grottenberg liegt nördlich von Horgau; über die A 8, Ausfahrt Adelsried, weiter über die St 2032 und die A 5 nach Grottenberg/Horgau.

Informationen Westwood Alpacas, Grottenberg 8, 86497 Horgau, Tel. 0177/ 288 34 51, www.westwood-alpacas.de.

Öffnungszeiten Ganzjährig möglich, aber nur nach Voranmeldung.

Preise Ab 4 Personen Erwachsene 9,50 €, Kinder unter 10 Jahren 7,50 €.

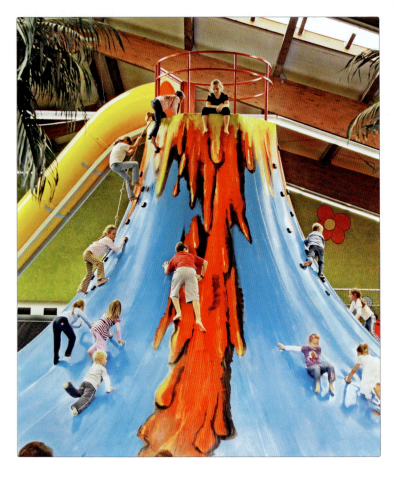

Einen Tag spielen bis zum Umfallen – macht so richtig viel Spaß.

Anfahrt **Öffentlich:** Dasing liegt auf der Bahnstrecke Augsburg–Ingolstadt, ab Dasing ca. 1 km Fußweg. **Auto:** Von der A 8, Ausfahrt Dasing, in Richtung Dasing fahren.

Informationen Jimmy's Fun Park, Laimeringer Str. 1, 86453 Dasing, Tel. 08205/96 94 92, www.jimmys-funpark.de.

Öffnungszeiten Mo–Fr 14–19 Uhr, Sa/So 10–19 Uhr, Di Ruhetag (außer in den Ferien)

Preise Erwachsene 6 €, Kinder ab 2 Jahren 8 €.

Lärmen und Tollen bei jedem Wetter

In Jimmy's Funpark, dem großen Tobe- und Spieleparadies an der Augsburger Autobahn, geht stets die Post ab. Denn der Park ist Garant für gute Laune bei Groß und Klein und bei noch so schlechtem Wetter. Hier könnt ihr herumtollen, was das Zeug hält – zahllose unterhaltsame Spielgeräte laden dazu ein.

Jimmy's Funpark ist einer der größten Indoor-Spielplätze Bayerns, in dem sich Kinder gern gemeinsam mit ihren Eltern auspowern können. »Gemeinsam« ist hier ausdrücklich die Devise. Denn das Besondere an Jimmy´s Funpark ist, dass alle Geräte auch von Erwachsenen benutzt werden dürfen. So könnt ihr zusammen Trampolin springen, auf drehenden Scheiben sausen, auf dem Donut Glider rutschen, den hohen Spiderturm erklettern oder das Piratenschiff entern. Probiert, auf einen Vulkan zu steigen, dort ist sogar das Abstürzen und Herunterrutschen lustig.

Vielleicht wollt ihr euch einmal wie Torwart Manuel Neuer fühlen? Dann ab in die Riesentorwand. Um den Ball zu fangen, müsst ihr gewaltig springen. Aber das Hinfallen schmerzt nicht, denn die Torwand ist mit Luft gefüllt. Richtig spannend wird es beim Wettkampf zwischen den Generationen. Ob beim Air-Hockey oder im Reaktions-Schnelltest: Wer hier wohl fitter ist? Für die Abkühlung erhitzter Kampfgeister sorgt eine meist eher feucht endende Fahrt in Plastikbooten im Poolbecken. Wer eine Pause braucht, kann jede halbe Stunde mit der Bongo-Bahn durch die Halle fahren oder sich auf die bereitstehenden Massageliegen verkrümeln. Spätestens wenn Hunger oder Durst rufen, sitzen dann ohnehin alle im Restaurant wieder zusammen.

Übrigens: Die Hallen dürfen weder mit Straßenschuhen noch barfuß begangen werden. Bringt also am besten ABS-Socken mit.

ANTENNE BAYERN TIPP

Unweit des Funparks liegt der große Dasinger Bauernmarkt, eine etwas andere Autobahnraststätte. Hier könnt ihr regionale Lebensmittel sogar am Sonntag einkaufen.

Ihr überwindet lustige Hindernisse beim Fußballgolf.

Anfahrt **Öffentlich:** Mit der Bahn bis Augsburg, weiter mit dem Bus Richtung Rehling, Haltestelle »Rehling-Au«. **Auto:** Auf der A 8, Ausfahrt Augsburg-Ost, weiter über die St 2035 und die St 2381 nach Rehling; oder auf der B 2, Ausfahrt Langweid, nach Rehling.

Informationen Soccerpark Rehling, Auer Bergstr., 86508 Rehling-Au, Tel. 08237/ 959 39 67, www.soccerpark-rehling.de.

Öffnungszeiten April bis Okt. Di–Do ab 12 Uhr, Freitag/Wochenende/feiertags/Ferien ab 10 Uhr meist bis Sonnenuntergang, Mo Ruhetag; letzter Abschlag 2 Std. vor Sonnenuntergang.

Preise Erwachsene 9,90 €, Jugendliche 8 € Kinder von 6–12 Jahren 6 €.

Der neue Trendsport Fußballgolf

Golfen war gestern – jetzt kommt die neue Trendsportart: Soccergolf! Testet das Golfspielen mit dem Fußball, es ist gar nicht so schwer und bringt außerdem jede Menge witzige Unterhaltung. Tragt doch ein Familienduell aus! Alt gegen Jung, Frauen gegen Männer – das geht auch völlig ohne Fußball-Vorkenntnisse.

Der Soccerpark Rehling liegt mitten im Wittelsbacher Land nördlich von Augsburg. Hier widmet ihr euch ausschließlich der trendigen Sportart Soccergolf. Was das ist? Ganz einfach: Fußballgolf. Der Soccerpark ist in dieser Art der einzige in Bayerisch-Schwaben und ein herausragendes Ausflugsziel. Nicht nur für Familien mit fußballbegeisterten Jungs. Im Soccerpark haben nämlich alle ihren Spaß an der frischen Luft – egal, ob groß oder klein!

Natürlich ähnelt Soccergolf dem klassischen Golfsport und auch dem Minigolf. In Rehling spielt ihr aber nur mit den Füßen und einem Fußball auf den 18 Bahnen. Die führen mehr als zwei Kilometer über die Felder. Aber einfach ist es nicht, denn sie sind gespickt mit jeder Menge Hindernissen. So müsst ihr z. B. den Ball durch ein Loch oder einen Reifen schießen. Oder punktgenau einen Treffer landen, indem ihr den Ball mit dem Fuß in eine Mulde bugsiert. Ihr umrundet Felsen oder zielt unter Baumstämmen hindurch. Wenn ihr jetzt glaubt, Fußballspieler wären im Vorteil, dann täuscht ihr euch gewaltig.

Die wirklich guten Spieler schaffen diesen Platz mit 72 »Schüssen«. Probiert es aus – wie viele Schüsse benötigt ihr?

Falls ihr hungrig und durstig seid, gibt es vor Ort einen Kiosk mit kleinen Gerichten und Getränken zur Stärkung.

ANTENNE BAYERN TIPP

Die Unermüdlichen unter euch kombinieren den Ausflug vielleicht mit einem Besuch des Kletterwalds Schloss Scherneck in Rehling. Hier bezwingt ihr neun Parcours mit vielen verzwickten Elementen. Ein tolles Erlebnis, bei dem schon Kinder ab sechs Jahren mit einem Erwachsenen mitklettern können.

Viel Fahrspaß und actionreiche Abenteuer erwarten euch im LEGOLAND.

Anfahrt **Öffentlich:** Mit der Bahn bis Günzburg, weiter mit dem LEGOLAND-Bus. **Auto:** Über die A 8, Ausfahrt Günzburg, oder über die B 16 ins ausgeschilderte LEGOLAND.

Informationen LEGOLAND, LEGOLAND Allee, 89312 Günzburg, Tel. 0180/670 07 57 01, www.LEGOLAND.de.

Öffnungszeiten 28. März – 8. Nov. tgl. 10–18 Uhr, im Sommer und in den Ferien auch länger.

Preise Erwachsene und Kinder ab 12 Jahren 41,50 €, Kinder von 3–11 Jahren 37 €, Online-Tickets deutlich billiger.

Zwischen Riesenklötzchen im bunten LEGOLAND

Für alle Fans der kleinen, bunten Kunststoffklötzchen – euch bestimmt besser bekannt unter dem Namen LEGO – ist der Besuch des Freizeitparks LEGOLAND fast schon verpflichtend. Im deutschen LEGOLAND nahe der schwäbischen Stadt Günzburg erlebt ihr einen fantastischen Tag mit der ganzen Familie.

Kinder lieben diesen Freizeitpark und Erwachsene werden wieder zu Kindern. Kein Wunder bei den vielen Attraktionen im LEGOLAND. Unter dem Motto »Erlebt das Abenteuer!« stürzt ihr euch ins Getümmel. Bringt Zeit mit, denn ein Ausflug ins LEGOLAND ist tagesfüllend.

Am besten kundschaftet ihr zuerst alle Themenwelten aus: Überall erlebt ihr actionreiche Abenteuer mit viel Fahrspaß. Ihr erkundet, baut und spielt im Bereich Imagination. Hier steht auch die LEGO Arena, in der verschiedene, spannende Live-Shows stattfinden.

Familien mit mutigen und größeren Kindern finden den Bereich LEGO X-treme bestimmt ganz super. Hier gilt bei allem: schneller, wilder und höher – und auch das fantastische 4-D-Kino kitzelt eure Nerven.

In der LEGO City geht es dann richtig rund: Ob im Flughafen-Karussell, bei der Hafenrundfahrt, im LEGOLAND Express oder in der großen Kletteranlage »Die Werft« – viele Fahrattraktionen wollen ausprobiert werden. Bei einem Ritterturnier, dem Raupenritt und der Drachenjagd seid ihr dann im Land der Ritter unterwegs. Auf das Reich der Pharaonen mit Tempel X-pedition und dem Abenteuerspielplatz trefft ihr im Abenteuerland.

Eine weitere Sensation im Park ist das Miniland. Diese Miniaturlandschaft ist aus über 25 Millionen LEGO-Steinen aufgebaut. Schaut euch bekannte Denkmäler und Bauwerke aus ganz Europa genau an. Unübersehbar die große Münchener Allianz Arena, der Berliner Reichstag oder Schloss Neuschwanstein. Außerdem sind hier legendäre Szenen aus Star Wars nachgestellt. Überhaupt stößt ihr auf ganz viele LEGO-Sets, die ihr bestimmt von zu Hause kennt. Lasst euch faszinieren von der unglaublichen Detailtreue und den vielen tollen Farben.

Register

Freizeitparks
Bayern-Park
– Riedenburg 121
Churpfalzpark
– Traitsching 91
Erlebnispark Voglsam
– Schönau 123
LEGOLAND
– Günzburg 187
Märchenerlebnispark
– Marquartstein 143
Märchenwald
– Sambachshof 31
Playmobilpark
– Zirndorf 63
Skyline Park
– Bad Wörishofen 179

Indoor-Action
Boulderwelt
– Regensburg 95
Copernicus-Planetarium
– Nürnberg 57
FunFabrikBowl
– Aschaffenburg 7
Jimmy´s Funpark
– Dasing 183
Klettererlebniswelt Magnesia
– Forchheim 47
Megaplay
– Schwanstetten 61
Takka-Tukka Abenteuerland
– Gerolzhofen 23
Therme Erding & Galaxy
– Erding 127
Wasserwelt Altlantis
– Herzogenaurach 53
Wölpiland
– Neumarkt 82

Museen, Theater und Kultur
3-D-Museum
– Dinkelsbühl 69
Circus Blamage
– Erlenbach 13
Geschichtspark Bärnau - Tachov
– Bärnau 77
Kaspertheater
– Würzburg 19
Kelten-Römer-Museum
– Manching 125
Kindertheater Mummpitz
– Nürnberg 59
Miniaturland
– Treuchtlingen 71
Miniwelt Oberstaufen
– Oberstaufen 171
Museum der Deutschen Spielzeugindustrie
– Neustadt bei Coburg 33
Naturbühne Trebgast
– Trebgast 35
Naturkunde- und Mammutmuseum
– Siegsdorf 141
Kinderstadtführung Stadtmaus
– Regensburg 97
Sams-Führung
– Bamberg 43
Schwäbisches Bauernhofmuseum
– Illerbeuren/Kronburg 177
Spessartmuseum
– Lohr am Main 11
Studiobühne
– Bayreuth 41
Turm der Sinne
– Nürnberg 61

Natur und Tiere
Bayerwald-Tierpark
– Lohberg 89
BergTierPark
– Blindham 135
Baumhaushotel Waldwipfelglück
– Mönchberg 17
Eichhörnchenwald
– Fischen 167
Erlebnisbauernhof Auhof
– Hilpoltstein 65
Erlebnisbauernhof & Ponyreiten
– Vaterstetten 132
Erlebnispark »Wasser – Fisch – Natur«
– Wackersdorf 83
Falkenhof Schloss Rosenburg
– Riedenburg 101
Husky-Hof Dreissesel
– Altreichenau 119
Reiten am Kollerhof
– Neunburg vorm Wald 85
Streichelzoo Arche Noah
– Gaukönigshofen 21
Tiergarten Straubing
– Straubing 103
Tierparadies und Erzgruben
– Burgberg 165
Vulkanerlebniswelt
– Parkstein 79
Walderlebniszentrum

Herzogstandbahn
Am Tanneneck 6
82432 Walchensee
Tel.: 08858 - 236
info@herzogstandbahn.de

Kochel a. See
Walchensee

Tourist Information
Ringstr. 1
82432 Walchensee
Tel.: 08858 - 411
info@walchensee.de

Filmkulissendorf "FLAKE"
bekannt aus dem Kinofilm von
Michael Bully Herbig
"Wickie und die Starken Männer"

Majestätische Aussichten am
Herzogstand. Genießen Sie das
Panorama auf dem Lieblingsberg
des Märchenkönigs Ludwig II.

www.herzogstandbahn.de | www.walchensee.de

– Ziegelwies/Füssen 161
Waldspielgelände
– Spiegelau 114
WaldWichtelWeg
– Marktheidenfeld 15
Westwood Alpacas
– Horgau 181
Wildpark an den Eichen
– Schweinfurt 27
Wildpark Schloss
Tambach
– Weitramsdorf 32
Wild- und Freizeitpark
Höllohe
– Teublitz 99
Zoo Hof
– Hof 34

Outdoor-Action
AlpspiX
– Garmisch Partenkirchen 157
Aktivspielplatz
– Bad Kissingen 29
Bogenschießen Parcours
– Bodenmais 113
Buggy Racer
– Abenberg 67
Bullcart-Rennen
– Lenggries 153
Fußballgolf
– Rehling-Au 185
Irrgarten am Untreusee
– Hof 37
Kanu-Trip
– Solnhofen 73
Kletterwald
– Pottenstein 50
– Prien 137
– Spessart/Heigenbrücken 9
Lummerland-Spielplatz
– Augsburg 180

Monsterpark
– Rattelsdorf 45
Sommerrodelbahn &
Freizeitparadies
– Bischofsgrün/Warmensteinach 39
– Oberaudorf 47
– Schliersee 151
– St. Englmar 107
Skifahren im Sommer
am Monte Kaolino
– Hirschau 81
Waldspielplatz Pöring
– Zorneding 133
Wildbach-Abenteuer
Buchberger Leite
– Ringelai 117
Winterrodelgenuss
– Lenggries 155

**Wanderungen und
Erlebnisausflüge**
Burg Egg
– Bernried 105
Burgruine
Falkenstein
– Pfronten 163
Burg Trausnitz
– Landshut 123
Dampflok-Fahrt
– Ebermannstadt 49
Drachen und Flederwisch
– Furth im Wald 87
Flughafen Airport
– München 131
Fossilienjagd
– Mörnsheim bei
Mühlheim 75
– Egloffstein 51
Kiddie-Car Führerschein
für Kinder
– Fürstenfeldbruck 128

Pullman City Westernstadt
– Eging am See
Raddampfer & Maislabyrinth
– Utting 129
Schokoland Confiserie
Dengel
– Rott am Inn 139
Skywalk
– Scheidegg 173
Sturmannshöhle
– Obermaiselstein 169
Teufelssteg und
Himmelsleiter/Felsenpark
– Falkenstein 93
Umweltstation
– Sennfeld 25
Waldwipfelweg & Haus
am Kopf
– St. Englmar 109
Wasserfall Wanderungen
– Risslochfälle/
Bodenmais 111
– Schrattenbach/
Niedersonthofen 175
– Gießenbachklamm/
Kiefersfelden 145
– Klingender Wasserfall/
Haimendorf bei
Lauf 55
– Schleifmühlenklamm/
Unterammergau 159

in Tag, der bleibt.

Mit dem **Bayern-Ticket** für **nur 23 Euro** und **5 Euro** je Mitfahrer.

cket gilt auch in:

Weitere Informationen, Ausflugstipps und Kauf unter **bahn.de/bayern**

Mit persönlicher Beratung für 2 Euro mehr.
Erhältlich für bis zu 5 Personen.

Die Bahn macht mobil.

Jetzt Fan werden!
fb.com/bayernticket

Impressum

In Zusammenarbeit mit der Redaktion ANTENNE BAYERN: Detlef Kuschka, Claudia Germann und Pia Otto

Verantwortlich: Kerstin Thiele
Lektorat: Michaela Zelfel, Tegernsee
Layout und Illustration: Eva-Maria Klaffenböck, München, www.atelier-luk.de
Repro: Cromika, Verona
Kartografie: Heidi Schmalfuß, München
Herstellung: Barbara Uhlig
Printed in Italy by Printer Trento

★★★★★

Sind Sie mit diesem Titel zufrieden? Dann würden wir uns über Ihre Weiterempfehlung freuen. Erzählen Sie es im Freundeskreis, berichten Sie Ihrem Buchhändler, oder bewerten Sie bei Onlinekauf. Und wenn Sie Kritik, Korrekturen, Aktualisierungen haben, freuen wir uns über Ihre Nachricht an J. Berg Verlag, Postfach 40 02 09, D-80702 München oder per E-Mail an lektorat@verlagshaus.de.

Unser komplettes Programm finden Sie unter www.j-berg-verlag.de

Alle Angaben dieses Werkes wurde von der Autorin sorgfältig recherchiert und auf den neuesten Stand gebracht sowie vom Verlag geprüft. Für die Richtigkeit der Angaben kann jedoch keine Haftung übernommen werden, weshalb die Nutzung auf eigene Gefahr erfolgt. Insbesondere bei GPS-Daten können Abweichungen nicht ausgeschlossen werden.

Bildnachweis: Alle Fotos im Innenteil sowie auf der Umschlagvorder- und rückseite von Bahnmüller Bildverlag, Geretsried; außer: S. 6 Funfabrik Bowl Aschaffenburg; S. 8 Kletterwald Spessart; S. 12 Circus Blamage e.V.; S. 16 Baumhaushotel Wipfelglück; S. 18 Das Kasperlhaus; S. 24 Umweltstation Reichelshof; S. 26 Wildpark Schweinfurt/Florian Dittert; S. 30 Märchenwald Sambachshof; S. 36 Labyrinth/Untreusee; S. 38 picture-alliance/dpa (David Ebener); S. 40 Studiobühne Bayreuth; S. 42 picture-alliance/dpa (David Ebener); S. 44 Monsterpark Rattelsdorf; S. 46 Magnesia Kletterseil Erlebnispark; S. 48 DFS/ Stephan Schäff; S. 52 Freizeitbad Atlantis/Herzo Bäder- und Verkehrs GmbH; S. 54 Rüdiger Hess/geo-select FotoArt, Fürth; S. 56 Stadt Nürnberg/Nicolaus-Copernicus-Planetarium; S. 58 Theater Mummpitz; S. 62 ©PLAYMOBIL/geobra Brandstätter GmbH & Co. KG; S. 64 Auhof-Werkstätten; S. 66 Pflugsmühle Country Life; S. 68 Museum 3. Dimension; S. 70 Miniaturland Treuchtlingen; S. 76 Geschichtspark Bärnau-Tachov; S. 78 Vulkanerlebnis Parkstein/Matthias Hecht; S. 80 picture-alliance/dpa (Armin Weigel); S. 86 Drachenstich-Festspiele e.V., Furth im Wald; S. 88 Gemeinde Lohberg; S. 90 Churpfalzpark; S. 94 Boulderwelt Regensburg; S. 96 Stadtmaus, Regensburg; S. 98 picture-alliance/dpa (W. Rolfes); S. 100 Falkenhof Schloss Rosenburg; S. 102, 104 picture-alliance/dpa (Armin Weigel); S. 106 Rodel- & Freizeitparadies St. Englmar; S. 108 Waldwipfelweg St.Englmar; S. 118 Kilyan Klotsch Huskyhof, Dreisessel; S. 120 Bayern-Park Freizeitparadies; S. 126 Erdinger Therme; S. 134 picture-alliance/dpa (Tobias Hase); S. 136 Kletterwald Prien; S. 138 Confiserie Dengel/Rott am Inn; S. 168 picture-alliance/dpa (Katja Kreder); S. 170 Miniwelt Oberstaufen; S. 172 skywalk allgäu; S. 176 Schwäbisches Bauernhofmuseum; S. 178 Skyline Park; S. 182 Jimmy's Fun Park; S. 184 Soccerpark Rehling; S. 186 LEGOLAND® Deutschland Resort.

Die Deutsche Nationalbibliothek verzeichnet diese Publikation in der Deutschen Nationalbibliografie; detaillierte bibliografische Daten sind im Internet über http://dnb.d-nb.de abrufbar.

© 2015 J. Berg Verlag in der Bruckmann Verlag GmbH, München

ISBN 978-3-862-46419-7